KB249685

리얼 보컬
트레이닝

리얼 보컬 트레이닝

발행일   2016년 4월 15일

지은이   고 남 기, 김 중 협
펴낸이   손 형 국
펴낸곳   (주)북랩
편집인   선일영   편집   김향인, 서대종, 권유선, 김예지
디자인   이현수, 신혜림, 윤미리내, 임혜수   제작   박기성, 황동현, 구성우
마케팅   김회란, 박진관, 김아름
출판등록   2004. 12. 1(제2012-000051호)
주소   서울시 금천구 가산디지털 1로 168, 우림라이온스밸리 B동 B113, 114호
홈페이지   www.book.co.kr
전화번호   (02)2026-5777   팩스   (02)2026-5747

ISBN   979-11-5585-395-5 13670(종이책)   979-11-5585-450-1 15670(전자책)

이 도서의 국립중앙도서관 출판예정도서목록(CIP)은 서지정보유통지원시스템 홈페이지(http://seoji.nl.go.kr)와
국가자료공동목록시스템(http://www.nl.go.kr/kolisnet)에서 이용하실 수 있습니다.
(CIP제어번호 : CIP2016008959)

성공한 사람들은 예외없이 기개가 남다르다고 합니다.
어려움에도 꺾이지 않았던 당신의 의기를 책에 담아보지 않으시렵니까?
책으로 펴내고 싶은 원고를 메일(book@book.co.kr)로 보내주세요.
성공출판의 파트너 북랩이 함께하겠습니다.

REAL VOCAL TRAINING

리얼 보컬 트레이닝

유명 보컬 프로듀서와 함께하는
내 안의 목소리 찾기 프로젝트

team ware

고남기, 김중협 지음

북랩 book Lab

시작하며

　예술에 정답이 있을까? 예술의 기본과 형식은 어느 정도 정해진 틀에서 전개된다고 볼 수 있지만, 꼭 정답이 있다고 생각하지 않는다. 예술은 창작을 의미한다. 그렇다면 창작은 무엇일까? 내 마음속의 감동, 메시지, 생각을 행위나 글, 그림 등으로 표현하는 것이 창작이자 예술이다. 예술은 평가하는 사람들조차 서로의 견해가 다르다.

　사람마다 좋아하는 반찬이 있듯, 개인은 자신이 좋아하는 음악을 즐겨 듣는다. 노래를 잘 부르고 못 부르는 것은 중요하지 않다. '얼마나 대중들이 내 목소리를 좋아해 줄 것인가?'와 '내 목소리가 얼마나 편안하고 듣기 좋은 목소리가 될 수 있을까?'가 중요한 것이다.

　노래를 못해도 대중에게 사랑받을 수 있으며 반대로 노래를 잘한다고 꼭 사랑을 받는 것도 아니다. 이런 딜레마에 빠지면 끝이 없다. 예술에는 정답이 없지만, 노래를 전공하거나 배우고 싶은 사람들에게 조금이나마 도움이 되는 바람에서 글을 쓰게 되었다.

보컬 트레이닝을 시작하면서 많이 답답했다. 내가 가르치는 제자들에게 좀 더 쉽고 자세하게 설명해 주고 싶었지만, 학문이 아니라서 매우 추상적인 레슨이 될 수밖에 없었기 때문이다. 때문에, 가끔은 혼란을 주기도 하고 이해시키지 못했다. 그때마다 스스로 상처를 많이 받았다.

'나는 할 수 있는데 왜 제자들은 못할까?'라는 의문이 들었을 때 책을 써 보자 하는 마음이 생겨났던 것 같다. 그동안 공부해왔던 지식과 무대에서의 경험을 토대로 경험하고 느낀 점을 이 책에 풀어 놓았다. 그동안 호흡과 발성에 대해 연구했던 것에 더해 많은 저서와 인터넷을 통해 자료를 수집하고 연구했으므로 이 책은 매우 체계적이다.

안 좋은 소리, 잘못된 소리는 분명 이유가 있고 좋은 소리, 올바른 소리, 듣기 좋은 소리도 분명 이유가 있다. 이 책은 우리 몸을 이해하고 올바른 자세를 통한 호흡과 발성에 대해 과학적으로 서술했다. 연구를 통해 나 자신도 많은 발전을 할 만큼 톡톡히 효과를 보았다.

음악에는 정답이 없지만, 학문적으로 풀어낸 이 책이 보컬에 대해 좀 더 쉽게 공부할 수 있는 저서가 되길 바란다. 또한, 노래를 좋아하는 일반인들도 쉽게 이해할 수 있도록 풀어냈기에 좋은 보컬 교과서가 되길 바란다.

특별히 감사한 분들

　음악을 시작할 수 있게 해주신 이홍선 선생님, 음악을 깨닫게 해주신 웅산 선생님, 늘 좋은 말씀 주시는 양승혁 교수님, 학생들에게 항상 좋은 본보기가 되시는 송지영 교수님, 늘 보고 싶은 김한성 교수님, 공동저자 김중협, 항상 열심히 일하는 황은지 교수님, 열정적인 백승렬 이사님, bob실용음악학원 문성진 원장님, 김기선 원장님, 멋진 뮤지션 동현이 형, 석태 형, 양지 누나, 병무, 두진이, 지희, 소희, 준식이, 문배, 민환이 회사식구들, 잘 믿고 따라와 주는 내 제자들, 마지막으로 사랑하는 부모님, 동생 민선이 감사드립니다. 최고보다 최선을 다하자! 늘 가슴에 새기고 정진하겠습니다.

-Team Wave 고남기-

사랑하는 부모님 그리고 형, 이번 집필에 많은 열정과 좋은 가르침을 위해 늘 연구하시는 고남기 공동저자, 음악적으로 항상 많은 도움 주시는 이정희 음악감독님, 언제나 에너지 넘치는 모습으로 좋은 본보기가 되는 백승렬 이사님, 격려와 응원 해주시는 최현군 원장님, 음악적 밑거름이 되어 주신 엄환섭 교수님, 믿고 잘 따라와 주는 내 제자들, 글로 적진 못했지만 소중한 지인들 모두에게 감사의 말씀 전합니다. 항상 행복하고 건강하시길 바랍니다.

-Team Wave 김중협-

차례

I

일반편:

자신만의 보이스 컬러를
가져보자

1. 몸의 이해

나는 운동을 매우 좋아한다. 어릴 적 꿈은 축구선수가 되는 것이었다. 그래서 매일매일 친구들과 공을 차고 운동을 하는 걸 좋아했다. 축구선수의 꿈을 저버린 계기는 기초가 부족해서였다. 운동에는 기본자세가 있기 마련인데, 그때는 모든 면에서 자세가 흐트러졌었다. 달리기를 할 때도 올바른 자세를 갖추고, 몸에 맞게 자세를 교정할 때 가장 빠르게 달릴 수 있다.

피아노를 치는 사람은 피아노가 악기이고 기타 치는 사람은 기타가 악기다. 그렇다면 우리(보컬)의 악기는 무엇일까? 목, 배, 성대가 아닌 바로 우리 몸이다. 즉, 노래하는 사람의 악기는 우리 몸 전체다.

오늘 무척 피곤하거나 아프다면 과연 좋은 목소리가 나올까? 노래방에서 똑같은 노래를 부르는 데도 어떤 날은 잘되고, 어떤 날은 안 될 때가 있다. 그것은 우리의 악기(몸)가 컨디션에 따라 상태가 많이 달라진다는 증거이다.

우리의 악기(몸)를 어떻게 사용하느냐에 따라 소리가 달라진다. 정확한 자세와 근육사용! 이것이 노래를 부르기 위한 가장 기초적인 부분이다. 다음을 따라해 보자.

① 발은 어깨너비만큼 벌려 무게중심을 가운데에 둔다.

이때, 짝 다리를 하거나 무게중심이 앞이나 뒤로 쏠린다면 몸에 힘이 들어간다. 보기에도 좋지 않을 뿐만 아니라 정확하게 소리를 낼 수 없기 때문에 주의하자.

② 하체는 서 있을 정도의 힘만 주고 상체 위로는 힘을 뺀다.

　노래할 때 힘이 들고, 호흡도 안 되고, 고음도 잘 안돼 고민이 많았을 것이다. 물론 호흡과 발성법에도 문제가 있겠지만 가장 중요한 이유는 자세가 좋지 않기 때문이다. 흑인들이 노래를 잘하는 이유는 큰 몸에 비해 타고난 유연성과 탄력이 있기 때문이다. 흑인만의 느낌도 한몫하지만, 악기(몸) 자체가 좋다.

　상체에 힘을 주고 노래를 하면 소리가 딱딱할까? 유연할까? 몸에 힘이 들어가면 당연히 소리도 어색하고 딱딱하게 들릴 수밖에 없다. 고음아 '네가 이기나 내가 이기나 해보자'는 심정으로 몸에 힘을 꽉 주고 노래를 하는 것은 정말 위험한 방법이다. 상체는 힘을 빼자!

③ 어깨는 펴주고 팔은 편안하게 내린다.

자연스러운 자세가 곧 자연스러운 소리를 만들어 낸다. 어깨가 움츠러든다면 자연스러운 소리가 나오지 못한다. 세계적인 가수 스티비 원더의 자세를 보면 피아노 칠 때 가슴을 많이 펴고 노래하는 것을 볼 수 있을 것이다. 그래야 호흡이 몸속으로 많이 들어오고 발성도 편안히 낼 수 있다.

④ 얼굴은 정면을 향하고 시선은 15도 위를 쳐다본다.

　얼굴은 정면을 보고 목은 꺾지 않으며, 시선 처리는 정면에서 약간 위를 본다. 목을 꺾게 되면 그만큼 후두 근육(목)이 긴장되어 성대를 압박한다. 시선을 약간 위로 보는 이유는 시선이 아래로 처지게 되면 소리도 처지게 되기 때문이다.

　높이 나는 새가 멀리 보듯이 시선을 15도 정도 위로 한다면 소리도 뻗어 나가게 된다. 물론 우리의 귀로 명확하게 구분할 순 없지만, 시선을 아래로 향하여 노래하면 소리 낼 때 불편함을 느낄 것이다. 또한, 시각적으로도 자신감이 없어 보인다. 바닥을 보고 노래하는 가수는 없다.

가장 자연스러울 때
가장 자연스러운
소리를 낼 수 있다.

2. 자신의 보이스 컬러를 정확하게 알고 노래하자

세상의 수많은 인구 중에 똑같은 목소리를 가지고 있는 사람이 있을까? 60억 인구 중에 똑같은 목소리를 가지고 있는 사람은 없을 것이다. 물론 비슷한 목소리를 가지고 있는 사람은 있겠지만, 똑같은 사람은 없다.

굵직한 목소리, 가벼운 목소리, 굵직하지도 가볍지도 않은 목소리 등 사람마다 태어난 성대의 모양이 다르므로 목소리가 다를 수밖에 없다. 사람의 생김새가 다르듯 성대의 모양도 사람마다 다르게 생겼다.

그렇다면 노래를 잘할 수 있는 비결이 뭘까? 가장 중요한 부분 중 하나가 목소리 색(스타일)이다. 노래를 잘한다고 가수가 되는 것도 아니고, 못한다고 가수를 못하는 것도 아니다. 옛날에는 노래를 잘해야 가수가 될 수 있었지만, 지금은 가수들의 보컬 테크닉 보다는 개성을 중시하는 음악 시장이 되어버렸다. 그만큼 자신만의 개성이 강한 가수들이 인기를 얻으며, 인디 음악 또한 마니아층이 생길 만큼 대중에게 익숙한 느낌으로 자리 잡았다.

나는 어떤 목소리일까? 그것부터 먼저 파악하자. 크게 3단계로 나누어 보자.

첫 번째 – 굵고 허스키한 목소리

두 번째 – 가늘고 가벼운 목소리

세 번째 – 첫 번째와 두 번째 중간의 목소리

자신이 노래할 때 어느 음색에 속하는지를 먼저 인지하는 것이 중요하다. 내 목소리가 가늘고 가벼운데 허스키한 목소리를 좋아한다고 해서 성대를 긁으면서 노래하면 절대 안 된다. 성대가 다치고 결절이나 부종이 생길 수 있기 때문이다.

때문에 자신이 좋아하는 목소리를 따라 하는 것이 아니라 자신의 보이스 컬러를 정확히 파악하고 그에 맞는 곡을 선택해서 연습해 보는 것이 좋다. 임재범이 아무리 연습해도 신용재처럼 될 수 없으며 신용재가 아무리 연습해도 임재범처럼 노래할 수 없다.

　자신의 목소리와 비슷한 색을 지닌 가수를 선택해서 그 가수의 곡들을
연습해 보자! 선택하는 방법에는 노래방을 갔을 때를 생각해보면 된다. 자
신이 잘 부르는 곡이 있고, 많이 불러보아도 뭔가 어색하고 잘 부르지 못
하는 곡이 있을 것이다. 그것은 자신에게 잘 맞고, 잘 맞지 않는 곡이기 때
문이다. 자신의 보이스 컬러를 정확히 인지하고 자신에게 맞은 선곡을 하
여 연습하는 것이 포인트다.

나는 어떤 보이스를
가지고 태어났을까?

3. 자신감을 가져라

이 책은 노래를 잘 부르기 위한 기술적인 내용이 주를 이룬다. 하지만 아무리 기술적으로 연습한다 하더라도 자신감이 없으면 시너지가 나올 수 없다. 자신감은 음악뿐만이 아니라 모든 일의 원동력이다.

자신감이 없다면 감정, 표현이 자연스러울까? 자신감은 표현뿐만이 아니라 발성 호흡에도 큰 영향을 미친다. 노래를 잘하고 못하는 것은 두 번째 문제이다. 그전에 마인드 컨트롤 하는 것과 자신감이 어쩌면 가장 중요한 요소가 아닐까 싶다.

트레이닝 과정 중 노래를 잘하는 제자가 있었는데 자신감이 없어서 실력을 충분히 발휘하지 못했다. 그래서 기술적인 트레이닝이 아니라 자신감을 심어주는 데 집중했다. 몇 달이 지나서야 노래가 완전히 달라진 것을 느낄 수 있었다.

노래를 부를 때는 소리에 의심하는 순간 정확한 발성이 나올 수 없다. 의심 또한 자신을 못 믿기 때문에 생겨나는 마음이다. 자신감을 가졌을 때 습득력이 훨씬 좋아지며, 자기만의 감정표현을 가질 수 있다.

사람 일은
마음먹기에 달려있다.

4. 호흡에 맞게 노래하라

말할 때도 노래할 때도 호흡을 한다. 평소 생활할 때 호흡은 매우 자연스러운 것이다. 그러나 노래를 할 때는 호흡이 부자연스럽고 심하면 숨이 차다. 그렇다면 노래의 도입부(vers)의 호흡은 어떻게 해야 할까?

발라드를 기준으로 보자. 거칠고 강하게 숨을 들여 마셔야 할까? 아니면 편하고 여유롭게 숨을 마셔야 할까?

편하고 여유롭게 숨을 마시는 것이 정답이다. 노래의 도입부부터 거칠고 빠르게 호흡하면 듣는 사람도 급하게 느끼고, 편안히 들어가야 하는 도입부에서부터 이질감을 주기 때문이다. 이처럼 호흡은 노래의 분위기, 음정에 따라 호흡의 속도와 양을 본인이 통제하는 것이 핵심이라 하겠다.

도입부(vers)가 끝나고 후렴으로 가면서 호흡의 양은 많아지고 빠르게 들이마셔야 한다. 후렴으로 예를 들어보면 후렴은 도입부(vers)보다 음정도 높고 긴장감도 배가 된다. 그래서 호흡도 노래에 맞게 빠르고 거칠게 해준다면 음악에 잘 묻어날 것이다.

자신이 노래할 장르와 분위기 따라 호흡을 어떻게 해줘야 할지 머릿속에 그림을 그리듯 연습하면 본인만의 색이 한층 더 멋지게 표현될 것이다. 장르와 곡의 분위기 따라서 호흡의 양을 결정하고 연습해 보자.

호흡도 노래의 일부분이다.
어쩌면 제일 중요할지도!

5. 노래할 때는 가슴속 답답함을 없애라

노래를 못하는 사람일수록 상체에 힘이 많이 들어가게 된다. 또한 육성(몸통의 소리울림)을 많이 사용하는 사람도 몸에 힘이 많이 들어간다. 몸에 힘이 들어가는 것을 빼기란 매우 어려운 일이다.

고음으로 갈수록 가슴이 꽉 막히는 느낌을 받는데, 그 이유는 호흡을 너무 아래로 당겨서 필요 이상으로 힘을 줬기 때문이다. 물론 호흡을 충분히 당겨줘야 성대 접촉(성대 접촉편 참조)이 잘 이루어져 고음을 잘 낼 수 있지만, 상체에 불필요하게 힘을 주다 보니 톤이 딱딱해 지고, 막히는 소리가 나는 것이다.

그럴 때는 가슴(흉부)의 느낌에 집중해 보자. 저음부터 중음, 고음으로 갈수록 가슴이 답답해진다. 저음에선 괜찮다면, 중·고음으로 갈수록 가슴이 아닌 얼굴 쪽에 소리를 집중시켜 보자. 잘 모르겠다면 느낌만 가져보자.

그것이 중요하다. 소리를 가슴이 아닌 얼굴로 보내보자 하는 느낌! 가슴에 소리가 집중되는 것을 바꿔보자. 가슴에서의 답답함이 사라진다면 당신의 목소리는 한층 더 부드러워질 것이다.

방법보단
때론 이미지 트레이닝이
효과적일 때가 있다.

6. 자신만의 감정

예술가는 자신만의 감정을 그림으로 그리거나 조각, 행위예술, 음악 등으로 표현한다. 하지만 감정을 많이 표현했다고 생각해도 듣는 사람이 느끼지 못하거나 나는 슬픈데 듣는 사람이 슬픈 감정을 느끼지 못한다면 그것은 예술표현이라고 할 수 없을 것이다.

빈센트 반 고흐의 그림이 유명한 것은 자신의 힘들고, 외롭고, 괴로운 감정을 그림에 잘 표현했기 때문이다. 음악으로 자신만의 감정을 표현하는 것은 상당히 어려운 것이다. 그러므로 장르를 가리지 말고 많이 들어보고, 느껴 보는 것이 매우 중요하다.

노래를 부를 때는 자신만의 감정선을 가지고 불러야 하며, 왜 이 부분은 강한지, 약한지, 호흡을 많이 뱉는지, 조금만 뱉는지 스스로 이해해야 한다.

'나의 감정도 대중이 공감해 줄까?' 나만의 감정을 대중이 공감해 줄 때 좋은 표현력을 가졌다고 할 수 있다.

노래도 연기다.

7. 관객의 반응을 살피자

노래를 하다 보면 남녀노소 반응이 각기 다르다. 똑같은 노래를 하더라도 누구 앞에서 공연하는지, 어떤 장소에서 노래하는지, 큰 규모의 공간인지, 작은지, 음향은 어떤지 등의 모든 것을 파악하는 것이 중요하다.

보컬 라인을 조금 과하게 표현해도 괜찮을 때는 관객의 반응이 좋거나 음향시설이나 공간이 충분히 받쳐줄 때이다. 다시 말하자면, 내가 노래를 조금 과하게 불러도 충분히 공감을 얻을 수 있겠다 싶을 때는 조금 과하게 불러도 된다.

반대로 많은 어르신들 앞에서 노래할 때는 즉각적인 반응을 얻기 힘들기 때문에 기교를 좀 더 절제하고, 섬세하게 표현하는 것이 중요하다. 이처럼 장소와 관객, 음향상태를 파악해서 공연준비를 하는 것이 프로의 기본 자세다.

관객을 살피며 교감하고,
소통하는 것이 중요하다.

8. 음악을 이해하자

대부분의 보컬 전공자들은 음악을 들을 때 가수의 목소리에 집중한다. 소리는 어떻고 기교는 어떻고 가사는 어떤지 등. 음악은 보컬만이 아닌 수많은 악기와의 조화로 만들어지는데 보컬에만 집중하게 되는 이유는 무엇일까? 아마 본인들이 더 잘 알고 있을 것이다.

자신의 색을 가지고 노래를 하기 위해선 음악에 대한 이해도가 매우 중요하다. 이것이 바로 '음악성'이라고 하는 것인데, 시작부터 끝까지 보컬이 아닌 악기 부분, 리듬, 하모니에 집중하며 듣는 습관을 길러 보자.

예술을 이해한다는 것 자체가 무의미하다고 생각할 수 있지만, 노래는 예술성과 학문성을 같이 겸비해야 실력이 향상된다고 생각한다. 트레이닝은 그렇다. 너무 예술적으로 접근하는 것 보다 또 너무 기술적으로 접근하는 것보다 적절히 반반씩 나누어 할 때 가장 좋은 효과를 볼 수 있다. 물론 그만큼 충분한 연습량이 따라와 줘야 한다.

음악을 이해하려
애쓰지 말고
내가 더 음악을
좋아하게 되면,
자연스레 얻어지는 것이
아닐까?

9. 연습방법의 중요성

보컬 전공자라면 연습은 당연한 것이다. 천재도 노력 없이는 천재가 될 수 없으며, 음악뿐만이 아니라, 모든 분야에서도 노력 없이 되는 일은 없다.

★ 연습을 효과적으로 할 수 있는 팁!

① 연습일지를 써라

초등학교 때 한 번쯤 일기장을 써본 기억이 있다. 그날 하루를 돌아보고 반성하자는 의미에서 썼었다. 매일 쓰는 일기와 같이 연습일지를 써보자. 언제 연습실에 와서 언제까지 연습했으며, 무엇을 중점적으로 연습했고 어떻게 연습했는지를 연습일지에 써라. 연습방법을 돌아보며 반성하는 시간을 가진다면 이것 또한 매우 효과적인 연습방법이다.

보통사람들은 대부분 그냥 '연습하러 가야지' 하고 연습실에 간다. 마냥 악보를 펴놓고 노래를 연습하거나 나름 머릿속에 연습하는 방법을 가지고 연습하기도 한다. 하지만 자신의 연습방법이 최선이라 생각하지 말자. 더 좋고 효과적인 연습방법을 찾으면서 연습을 해야 한다.

② 연필을 써라

대부분의 사람은 보컬 연습할 때 악보나 가사를 뽑아서 연습한다. 이때 연필을 써서 중요한 부분에 표시를 해야 한다. 숨을 쉬는 부분, 강하게 부르는 부분, 가수의 표현 등을 악보나 가사에 표시해 놓으면서 연습해 보자.

③ 연습시간은 꼭 정해서 해라

연습실 가는 시간은 대부분 정해져 있지만, 연습을 끝내는 시간은 본인 마음인 경우가 대부분이다. 1~2시간 정도는 재미도 있고 집중력도 높지만 2시간이 지나면서 집중력도 흐트러지고 연습하기 싫어진다. 이때 대부분 연습을 그만두곤 한다.

자신의 보컬 실력과 상관없이 지금 이 순간이 괴로워서 연습을 그만둬 버린다. 하지만 그 괴로운 시간을 버틸 때 실력이 많이 향상되며, 3시간, 4시간 정해진 시간을 두고 연습하는 습관을 가져야 한다.

④ 연습은 집중력 싸움이다

똑같은 시간을 주고 연습을 시키면 사람마다 각기 다른 습득력을 알아볼 수 있다. 연습은 오랜 시간 연습하는 것이 중요한 것이 아니라 주어진 시간에 얼마나 집중 있게 연습했는지가 훨씬 중요하다.

연습은 체계적으로,
계획을 세우고 연습하자.

10. 연기를 해보자

TV에 가수가 나와서 노래할 때 표정을 보면, 무표정으로 노래하는 가수는 단 한 명도 없을 것이다. 노래 또한 예술표현 즉 자기만의 표현이기 때문에 표정이 없을 수 없다. 슬픈 발라드를 부른다면 슬픈 표정, 댄스곡을 부른다면 웃는 표정을 짓듯이 다양한 자신만의 표정이 있다.

대중은 귀로만 음악을 듣는 것이 아니라 눈으로도 보기 때문에 표정은 매우 중요하다. 트레이닝을 하면서 많은 제자들이 표정이 없이 노래하는 모습을 봤다. 무표정으로 노래하면 감정, 발성에서도 많은 차이가 있다.

표정을 가진다는 것은 얼굴 근육을 많이 움직인다는 것인데 노래를 할 때 제일 많이 쓰이는 근육이 바로 얼굴 근육이다. 광대, 미간, 턱 등 여러 얼굴 근육들을 움직여 주면서 보다 효과적인 기술을 구사할 수 있다. 보컬의 연기력은 필요가 아니라 필수다.

　몸동작 역시 매우 중요하다 할 수 있다. 음악에 맞춰 자신만의 표현을 만들어 움직이는 연습을 해보자. 이때 전신거울을 이용하여 연습하는 것이 가장 효과적이다. 자신이 표정을 짓고 연기도 하며 노래하고 있다고 생각하지만, 실제로 그렇지 않은 경우가 많다. 연습할 때는 전신거울을 이용하는 것이 좋다.

노래할 때
가장 많이 사용하는
근육은 얼굴 근육이다.

11. 프로 가수가 되고 싶다면 비주얼과 스타일에 신경 쓰자

가수가 되려면 노래만 잘하면 되지, 왜 비주얼과 스타일까지 신경을 쓰냐고 말하는 사람도 있을 것이다. 하지만 실상은 그렇지 않다. 음악도 개성이 있는 곡이 사랑을 받듯, 가수도 자기 스타일이 굉장히 중요하다.

힙합 하는 프로 랩퍼가 왜 모자를 쓰며, 큰 박스 티를 입고 액세서리를 할까? 그냥 청바지를 입고 남방을 입으면 안 되는 것일까? 음악에 더 집중하기 위해서이다.

음악이 아닌 다른 직업을 가진 사람들도 하는 일마다 옷차림이 다르다. 영업사원은 고객에게 신뢰가 가는 정장을 입는다. 청바지에 흰 티를 입고 영업을 할 수도 있겠지만, 고객의 신뢰가 중요한 영업 분야에서는 정장을 입는 것이 훨씬 더 합리적이다.

평소 스타일이나 비주얼에 관심을 가지고 살지 않았다면, 한 번쯤은 고민하고 관심을 갖도록 노력해 보자.

음악은 귀로만
듣는 것이 아니라
눈으로도 본다.

12. 자기 음역을 인정하자

사람마다 가지고 태어난 음역이 다르다. 음역이 높은 사람은 트레이닝을 받아서 그렇다기보다 태어날 때부터 높았던 것이다. 즉 자신의 음역은 태어나면서부터 어느 정도 정해져 있다고 보면 된다. 물론 트레이닝으로 음역을 어느 정도 높여줄 수는 있다. 하지만 그 이상은 욕심이다.

노래를 잘하는 것과 고음을 잘 내는 것은 다르다. 노래를 연습하는 일반인이나 전공자들은 고음에 집착한다. 올라가지도 않는 음정을 성대를 혹사시키면서까지 고함을 지른다. 그러면 당연히 목이 쉰다. 이것은 고음훈련을 하는 것이 아니라 성대를 망가트리는 길이다. 꼭 기억하자.

　자신의 음역을 인정할 줄 알아야 자신의 음악 스타일을 정확히 파악할 수 있다. 부르고 싶은 곡이 있는데 키가 높아 엄두가 안 날 때가 있을 것이다. 그렇다면 키를 내려서 연습해야 한다. 키를 내린다고 음악이 이상하게 들리지 않는다. 자신의 스타일대로 편곡하고, 연습한다면 더욱 아름답게 표현할 수 있을 것이다.

고음에
집착하지 말자.

13. 필요하다면 보컬 트레이닝을 받아보자

보컬 트레이닝을 받지 않고 노래를 잘하는 가수나 일반인들도 많다. 이런 사람들은 타고난 재능이나 좋은 성대를 가지고 있는 것이다. 하지만 이러한 사람들은 드물다. 현재 프로에서 활동하고 있는 뮤지션들 또한 타고난 좋은 성대를 가지고 있는 가수도 있지만 그렇지 않은 가수도 많다. 필자 또한 좋은 성대를 타고나진 못했지만 부단한 노력으로 인해 노래를 잘할 수 있었다. 그러기 위해 여러 트레이닝을 받아 보았다.

혼자 고민하고 해결하려 하지 말고 한 번쯤은 트레이닝을 받아보는 것이 좋다. 중도 자기 머리는 못 깎는다고 하지 않는가. 다른 시야에서 자신을 평가해 줄 좋은 지도자가 있다면 그것은 복이다. 주위에 좋은 뮤지션이 있다면 그것 또한 복이다.

　음악 하는 사람들은 대부분 고집이 쎄서 자신을 인정하기 어렵고 고민이 있어도 혼자 해결하려고 하는 사람들을 많이 보았다. 자신의 보컬에 대해 고민이 있거나 혼자 해결할 수 있는 것이 아니라면 한 번쯤은 트레이닝을 받아보는 것도 좋은 방법이다.

배워보고 느껴도
늦지 않다.

14. 공연을 관람하자

음악적 표현은 그냥 나올 수 없다. 누군가에게 영감을 받았다거나 무엇을 보고 느낀 것을 자신만의 표현으로 해석하는 것이 예술이지 않을까?

세계적인 뮤지션 스티비 원더도 블루스의 거장 레이 찰스의 영향을 받았다고 말했다. 필자 또한 수많은 뮤지션의 앨범과 공연, 동영상을 통해 영감을 받았고 음악적으로 풀어냈다. 혼자 하는 음악은 없다. 많은 경험이 곧 음악적 자산이다.

경험은 혼자 이루어 낼 수 없다. 음악을 듣는 것만으론 한계가 있어서 좋은 뮤지션이나 자기가 좋아하는 뮤지션의 공연은 꼭 가보는 것이 좋다. 공연에서 표정, 감정, 무대 매너 등을 직접 보면서 음악을 들을 때보다 더 많은 것을 배울 수 있을 것이다.

보고 느껴야
영감을 얻을 수 있다.

15. 카피 뮤지션을 정해라

프로 가수도 수많은 곡을 카피했을 것이다. 필자 또한 수많은 뮤지션을 카피했다. 카피란 말 그대로 복사하는 것이다. 가수의 호흡, 발성, 감정, 기교를 그대로 복사하는 훈련이다. 가수가 되기 전 누구나 거치는 훈련으로 여러 가수를 정해서 카피를 많이 하다 보면 자기만의 스타일을 가지게 된다.

여기서 주의할 점은 여러 가수의 곡을 카피하다 보면, 자칫하면 본인만의 색을 잃어버릴 수 있다. 여러 가수의 곡을 연습하다 보니 호흡, 발성, 감정, 기교 등에서 통일성을 찾기 어렵기 때문이다.

그래서 가수 하나를 정해 놓고 그 가수의 곡을 카피해 보는 것도 좋은 카피 연습방법이다. 물론 자신이 좋아하는 음악과 추구하는 음악을 선택해야 하고 자신의 스타일과 잘 맞는 가수를 선택하는 것이 좋다.

　카피 뮤지션을 정하는 것은 자신만의 색을 좀 더 확고히 하며 다양성을
추구하고 기교를 습득하기 위함이다. 예전처럼 꼭 노래를 잘해야 가수가
되는 시절은 지났고 개성과 색을 중요시하는 시대가 왔다. 연습방법 또한
기교보다는 자신만의 스타일을 만드는 것에 대해서 좀 더 신경 써 보자.

모방은 창조의 어머니!

16. 견문을 넓혀라

언젠가 제자 한 명이 테스트를 받고 싶다고 찾아왔었다. 3년간 보컬을 배우며 연습했다고 했다. 노래를 시켜보니 발성, 호흡, 기교 무엇 하나 빠지지 않을 정도로 잘했다. 그런데 감동이 하나도 없었다.

"모든 것을 배운 대로, 공부한 대로 노래했을 텐데 왜 감동이 없었을까?"라는 질문을 던졌는데 그 제자는 대답하지 못했다.

노래는 학문이 아니다. 분명 예술이다. 이 학생은 배운 대로 최선을 다해서 노래했지만, 감동은 없었다. 그래서 그 학생에게 이런 말을 했다.

"네가 가진 보컬은 너무나 훌륭해. 그러나 가진 게 너무 많아. 너무 많이 가지고 있는 게 오히려 부담스러웠어. 너는 노래를 더 공부하는 것보다 여행도 다니고 음악 공연도 많이 보고 운동도 좀 하면서 영감을 얻어봐. 그러니까 영감을 음악에서만 찾지 말고 다른 곳에서도 찾아보렴."

노래는 대중을 감동하게 만들어야 하는데, 이 친구는 너무 갇혀 있었다. 노래를 들어보면 그 사람이 어떻게 연습했고 무슨 음악을 좋아하며, 어떤 생각을 가지고 노래를 하는지 어느 정도는 알 수 있다.

영감은 음악이 아닌 사소한 것에서도 얻을 수 있다. 많은 경험을 토대로 자신만의 음악이 완성될 수 있다는 것이다. 많은 견문을 넓히는 것 또한 음악의 한 부분이다.

17. 모니터 훈련을 생활화하자

"선생님 제 목소리가 이상해요!"

자기가 노래한 소리를 녹음해 들어본 적이 있는가? 처음 자신의 목소리를 녹음해서 들어보면 대부분 '내 목소리가 이상하네.'라고 생각한다. 하지만 다른 사람들은 이상하게 생각하지 않는다. 노래를 할 때 몸의 울림을 통해 듣는 내 소리와 상대방이 듣는 내 소리가 다르기 때문이다.

상대방이 듣는 내 목소리가 진짜 목소리이고 녹음훈련을 추천하는 것이 그 이유다. 연습할 때 녹음기나 핸드폰으로 녹음하는 습관을 지니는 것이 좋은 보컬이 되는 지름길이다. 자기 목소리가 노래할 때와 녹음된 것이 일치한다는 생각이 든다면 아주 좋은 훈련이 된 것이다.

음치는 자신의 소리를 듣지 못하기 때문에 음치다. 본인 스스로는 음정이 맞는다고 생각하지만, 상대방이 듣기에는 음정이 맞는 것이 없다. 자신의 진짜 목소리를 듣지 못하기 때문이다. 모니터 훈련을 많이 하다 보면

듣는 귀도 좋아지며, 자기 목소리를 스스로 모니터 할 수 있는 능력이 생
긴다. 꼭 모니터 훈련을 생활화하자!

모니터를 해야
자신을 객관적으로
바라볼 수 있다.

18. 올바른 생활 습관을 갖자

　노래할 때 가장 중요한 기관은 성대다. 성대의 상태에 따라 노래 실력도 많은 차이가 난다. 올바른 생활습관이 곧 성대를 보호할 수 있기 때문에 올바른 생활습관으로 자신의 성대를 보호해야 한다.

★ 성대를 보호하기 위한 올바른 생활습관

1. 잠을 충분히 잔다.
2. 먼지를 피하고 깨끗한 환경에서 연습한다.
3. 목에 좋은 음료나 차를 마신다.
4. 담배를 피우지 않는다.
5. 술도 가급적 피한다.
6. 잠자기 전 습도를 유지하고 감기에 걸리지 않게 신경 쓴다.
7. 고함을 지르지 마라.
8. 스트레스를 해소하자.
9. 항상 물 마시는 습관을 기른다.

위의 생활습관이 곧 보컬 실력으로 나타난다. 프로는 자기 관리에 철저하다. 자기관리가 곧 실력으로 나타나기 때문에 항상 노력한다. 충분한 휴식과 좋은 생활습관은 연습량으로 이어지며, 실력 향상에도 중요한 요소가 된다.

연습 중에 목이 아프거나 칼칼하다면 즉시 연습을 중단하고 성대관리에 초점을 맞춰야 한다. 성대결절이 오면 보컬에 큰 치명타를 줄 수 있다. 성대결절은 많은 연습량과는 무관하고 결코 자랑할 일이 아니다. 이것은 목 관리에 신경을 쓰지 못했으며 정확한 발성과 호흡으로 노래하지 않았기 때문에 발생한다.

자기관리는
성공의 지름길이다.

19. 끝처리(엔딩)에 신경 쓰자

곡을 아무리 잘 불렀더라도 끝처리가 좋지 않으면 관객들에게 좋은 인상을 줄 수 없다. 중간에 조금 실수를 했더라도 끝처리가 완벽하다면 박수를 받을 수 있지만, 중간에 아무리 잘 불렀더라도 끝처리가 좋지 않다면 노래를 잘 불렀다는 느낌을 줄 수 없다.

단락 별로(도입부, 후렴 등) 끝처리를 연습해 보며, 음역 별로 끝처리 연습을 하자. 가볍게 끊어서 길고 묵직하게 비브라토를 넣어야 할지, 말지 정확하게 계산해서 연습해 본다.

★ 정리해 보자!

1. 끝처리에 신경 쓴다.
2. 단락별로 끝처리가 다르게 해석될 수 있다.
3. 곡 흐름에 맞게 끝처리를 정리한다.

관객은 마지막에
박수를 보낸다.

20. 무대 매너

관객은 보컬의 몸동작 하나에도 민감하게 반응한다. 그만큼 내 몸동작과 표정, 시선 처리는 매우 중요하다. 연습할 때의 보컬 실력과 실전 무대에서의 실력은 다를 수 있다. 관객을 압도하는 카리스마와 무대 매너에 따라 청중이 받는 느낌은 전혀 다를 수 있다는 것이다.

★ 올바른 무대 매너

1. 시선은 멀리 보며 청중과 소통한다.
2. 곡의 흐름에 따라 연기한다. (이때 표정에 신경 쓴다.)
3. 올바른 자세로 노래한다.
4. 노래에 맞는 손동작과 움직임을 해야 한다.

　무대 매너를 생각하며 공연하는 가수는 드물다. 음악에 빠져 노래하다 보니 자연스러운 무대 매너가 나오는 것이다. 무대에서 노래할 때는 무대 매너를 신경 쓰기보다 보컬에 집중해야 한다. 때문에, 연습할 때 무대 매너를 신경 써서 연습해야 한다. 내 몸이 자연스럽게 기억할 수 있게 손동작, 표정, 움직임을 연습해야 한다. 실전에서는 생각하지 않아도 자연스럽게 동작과 표정이 나와야 좋은 무대 매너가 될 수 있다.

작은 손짓 하나에도
청중은 반응한다.

21. 올바른 마이크 사용법

가수마다 마이크 사용법이 다르다. 자신의 성량과 보컬 스타일에 따라 달라지기 때문에 가수마다 각자의 방법이 있다. 사실 마이크는 잡는 요령에 답은 없다. 자신이 잡을 수 있는 가장 편안한 자세가 가장 올바른 마이크 잡는 요령이다. 다만, 마이크 윗부분을 만지면 하울링이 생기거나 청중들에게 정확하게 목소리를 전달할 수 없기 때문에 마이크 윗부분은 잡지 말아야 한다.

마이크 각도는 60~70도가 적절하다. 너무 내려도 너무 올려도 안 된다. 입과 마이크 거리는 주먹 한 개 정도, 즉 5~10센티 정도의 거리가 적당하겠다. 마이크를 잡은 손은 힘을 빼야 하며 어깨가 올라가지 않도록 주의하자.

곡에 따라 저음, 중음, 고음에서 입과 마이크 사이에 거리를 조절해야 하는데, 오랜 무대 경험이 있어야 하는 부분이긴 하다. 간단한 팁을 주자면 소리의 균형에 맞게 거리를 두어야 한다. 예를 들어 고음에 큰소리를 내는 부분이 있다면, 적당한 거리를 두어 소리의 균형을 맞추고, 저음 부분이 너무 낮아 소리전달에 문제가 생긴다면 마이크를 가까이 두고 노래하면 된다. 여기서 주의할 점은 너무 멀리, 혹은 너무 가까이 마이크 거리를 두면 안 된다.

올바른 마이크 사용법으로
보컬의 장점을 극대화하자.

22. 같은 가사를 반복해서 불러보자

대부분 사람은 노래연습을 할 때 음악을 틀어놓고 따라 부른다. 하지만 이 방법은 좋은 연습방법이 아니다. 이것은 세밀한 연습이 다 끝난 후 완창 연습이나 전체적인 곡의 흐름과 균형 연습을 할 때 하는 것이다. 실제로 필요한 연습은 반복훈련이다.

반복훈련은 레슨 때 필자가 제자들에게 꼭 시키는 훈련이다. 한 소절씩 반복해서 부르면서 음정, 박자, 감정, 호흡, 기교가 스스로 완벽하다고 느낄 때 다음 소절로 넘어가야 한다. 넘어간 후에는 또다시 완벽할 때까지 반복한다. 그래야 섬세하고 정확한 표현이 가능하며, 음악을 정확하게 듣고 연습할 수 있다.

대부분 전공자와 프로들은 이 방법으로 보컬 연습을 한다. 곡을 카피하거나 연습할 때는 쭉 따라 부르기보다 한 소절씩 같은 가사를 반복해서 불러보는 것이 좋은 연습방법 중 하나다.

명심하자!
반복훈련이
가장 효과적인
연습방법이다.

23. 실력보다는 개성을 중요시하자

실력보다 개성을 중요시하자는 말은 실력을 중요하게 생각하지 말라는 뜻
이 아니다. 현재 음악 시장이 실력보다는 개성을 중시하는 방향으로 변화하
고 있기 때문이다. 예전에는 노래를 정말 잘해야 가수가 될 수 있었지만, 현
재 우리나라 음악 시장은 그렇지 않다. 보컬 실력이 조금 떨어져도 음악 스
타일, 보컬 스타일이 특이하거나 개성이 넘친다면 가수가 될 수 있다.

엔터테인먼트 회사에서도 실력보다는 개성을 더 중요시하고 있다. 물론
실력을 어느 정도는 겸비해야 한다. 자신의 보컬 스타일을 냉정히 바라보
고, 보컬 스타일뿐만 아니라 외모, 의상에도 더 신경을 써야 한다. 그리고
노래를 어떻게 하면 잘 부를까 보다, 어떻게 하면 더 개성 있게 부를 수 있
을까를 고민해 보자.

개성 또한 많은 보컬연습을 통해 얻어지는 것이니, 절대 연습을 게을리 하지 말자.

세상에 노래를 잘하는
사람은 너무 많다.
나만의 스타일은 뭘까?

24. 감정과 표현의 기본은 발음에서 나온다

표현 기교 중 가장 기본이 되는 것은 발음이라고 생각한다. 기교에 앞서 가장 중요한 요소가 발음이다. 발음이 정확하지 않으면 감정과 표현을 청중에게 정확하게 전달할 수 없으며, 기교도 정확하게 표현되지 않는다.

대부분 보컬을 연습하면 발성에 집착한다. 발성도 전달력에 매우 중요한 부분을 차지하지만, 그에 앞서 발음이 정확하지 않다면 아무리 좋은 발성도 전달력이 떨어진다.

그렇다면 어떻게 해야 발음을 정확하고 더 쉽게 낼 수 있을까. 아래의 3가지 훈련법으로 연습해 보자.

① 입술 떨기

말 그대로 입술을 떨어주며 안면근육을 이완시키는 훈련방법이다. 안면근육이 긴장하지 않고 이완되어 있을 때 편안한 발음을 할 수 있기 때문이다. 저음구간에서는 호흡을 섞어 풍부하게 입술 떨기를 해주면 좋다. 고음

구간으로 올라갈수록 공기의 양을 줄여 주면서 상행하는 것이 좋다.

고음으로 올라갈 때, 주의할 점이 있다. 2옥타브 음역부터는 가성으로 소리를 내는 것이 바람직하다. 입을 닫고 소리 내는 상태이기 때문에 고음역에서 진성구로 억지로 소리를 내는 것은 오히려 목에 부담을 줄 수 있다.

발성을 연습하는 것이 아니라 입술을 풀고, 안면근육을 이완시키는 데 목적을 두자. 스케일을 통해 연습하는 것이 효과적이다.

입술 떨기가 잘 안 된다면 손으로 양 볼 가운데를 살짝 눌러주는 것이 좋다. 그러면 입술이 약간 튀어나오게 되는데, 그것이 양 입술의 원활한 접촉을 도와준다.

② 혀 떨기

입술 떨기와 동일하게 혀를 떨어주며 혀 근육을 이완시키는 훈련방법이다. 혀는 발음을 내는 것과 직접적인 관련이 있는 신체기관이기 때문에 경직되어 있으면 올바른 발음을 낼 수 없다.

입술 떨기와 동일하게 저음구간에서는 풍부한 소리를 내어주고 고음으로 갈수록 공기의 양을 줄여주며 상행하는 것이 효과적이다. 이때 입술 떨기와 마찬가지로 고음역에서 억지로 진성을 내지 말고 가성으로 편안한 소리를 내는 것이 중요하다.

③ 단모음과 이중모음 훈련

단모음과 이중모음을 세분화해서 연습하는 것이 발음연습에 효과적이다. 단모음은 우리가 소리를 낼 때 입술과 혀가 움직이지 않는 모음을 말한다.

1) 단모음

단모음에는 'ㅏ, ㅔ, ㅣ, ㅗ, ㅜ' 등의 발음이 있다. 입 모양과 광대의 확장에 따라 발음의 정확성이 높아질 수 있는데, 정확한 입 모양으로 연습하며, 평소 말할 때보다 더 정확하게 발음해야 한다.

2) 이중모음

이중모음은 우리가 소리를 낼 때 입술이나 혀가 움직이는 모음을 말한다. 이중모음이 단모음보다 부정확하고 어려운 경우가 많다. 이중모음을 연습할 때는 좀 더 정확하게 인지하면서 훈련할 필요가 있다.

이중모음에는 'ㅑ, ㅕ, ㅛ, ㅠ, ㅢ, ㅒ, ㅖ, ㅘ, ㅝ, ㅙ' 등의 발음이 있다. 이중모음을 연습할 때는 단모음을 연습할 때보다 호흡을 잘 섞어 주는 것이 좋다. 단모음과 비교했을 대 발음이 복잡하므로 딱딱하게 소리를 내는 것보다 호흡을 섞어서 따뜻하고 풍부하다는 느낌으로 스케일 훈련을 해주는 것이 좋다.

스케일이 상행이 될 때는 바로 앞에 있다는 느낌보다는 소리가 점점 멀어져간다는 느낌이 좋다. 스케일이 하행이 될 때는 소리가 점점 가까이 다가온다는 느낌이 좋다. 하나하나 이어져 가거나 흘러간다는 느낌으로 훈련하는 것이 좋다.

마지막으로 단모음과 이중모음을 연습할 때 본인이 발음하기 취약한 자음을 붙여서 연습하는 것 또한 효과적인 연습방법이다.

가사 전달력은
발음에서 시작된다.

25. 입 모양은 크게 벌려라

우리는 보통 말을 할 때, 필요한 만큼만 입을 벌려 말한다. 말할 때 입 모양을 신경 쓰는 사람은 없다. 노래를 할 때도 마찬가지로 입 모양을 작게 내는 경우가 대부분이다.

하지만 말을 할 때와 노래를 할 때의 입 모양은 확연히 달라야 한다. 큰 구멍에서 나오는 소리가 당연히 풍부하며, 소리를 만들 때 구강의 크기가 얼마나 큰지에 따라 공명과 소리의 힘이 달라진다. 이 부분은 일반인들이 잘 인지하지 못하지만, 트레이닝을 할 때 입 모양만 교정해도 확실히 소리가 달라지는 것을 확인할 수 있다.

처음에 연습할 때는 입을 크게 벌려 노래하려고 해도 잘 열리지 않는다. 이럴 때는 꾸준한 연습과 거울을 보면서 연습하는 것이 효과적이다. 이때 주의할 점은 입 모양이 계란형으로 정확하게 벌어져야 하는 것이다. 턱이 돌아가거나 삐뚤어 지면 안 된다.

입을 벌리면서 자신이 왜 입을 크게 벌리고 있는지 정확히 느끼며 연습해야 하고 소리가 입안에 꽉 찬 느낌을 준다는 느낌으로 연습하면 효과적이다.

풍부한 소리를 내려면
충분한 공간이 필요하다.

Ⅱ

리듬편:

리듬을 알면
음악이 보인다

음악의 3요소 중 하나인 리듬은 음악에서 제일 중요한 부분을 차지한다. 음정(가락)만 있으면 음악이 성립될 수 있을까? 아니다. 리듬이 있어야 음악이 성립될 수 있다. 리듬만 가지고 음악을 만들어 낼 수 있지만, 음정만 가지고는 음악을 만들어 낼 수 없다. 그만큼 리듬은 중요하다. 노래할 때는 리듬 즉, 그루브(groove)를 잘 타야 감칠나게 노래를 부를 수 있는 것이다. 리듬을 알면 음악을 좀 더 쉽게 접근할 수 있다.

그루브(groove)란 무엇인가?

두 그룹의 밴드가 있다. A, B라고 하자. A와 B의 밴드는 똑같은 악기와 똑같은 곡을 연주한다. A 밴드는 빠른 음악인데도 신나지 않았다. 반면 B의 밴드는 어깨가 들썩일 정도로 신이 났다. 그 이유는 그루브가 있었기 때문이다. 이것이 바로 그루브다. 그루브를 정확히 정의하기는 어렵지만, 그냥 '어깨를 들썩이게 하는 정도'라고 해두겠다. 그루브는 바로 리듬에서 나온다.

자 그럼 차근차근 리듬에 대해 공부해 보도록 하자.

1. 리듬은 머리로 타는 것이 아니라 몸으로 타는 것이다

보컬을 공부하고 전공하고 있는 학생들은 리듬연습을 가장 어렵게 생각한다. 그 이유는 연습하기 굉장히 난해하기 때문이다. 단순히 빠른 곡을 선택해서 무작정 카피하며 리듬감을 익히려는 방법이 대부분의 연습방법일 것이다.

리듬연습, 즉 그루브를 잘 타기 위해서는 먼저 이론적인 지식을 버리는 게 중요하다. 노래를 들으며 '자! 이 부분에서는 빠르게, 이 부분은 좀 더 느리게, 강하게, 약하게!' 이런 식으로 연습을 하다 보면 연습하기 어렵다. 머리로 리듬을 이해하려 하기 때문이다.

노래하기 전에 우리의 악기, 몸을 이용해서 온몸으로 리듬을 타보자. 자연스럽게 상체를 음악에 맞춰 흔들어 본다. 여기서 핵심은 어색해 하면 안 된다는 것이다. 마치 춤을 추듯 편안히 음악에 몸을 맡긴다. 내 몸이 리듬에 익숙해지도록 하는 것이 첫 번째 연습 방법이다.

습관처럼 음악을 들을 때 자연스럽게 몸이 움직여야 하며, 처음에는 물론 어색할 수 있으나 반복적으로 훈련하다 보면 자연스러워질 수 있다. 본인이 어색하지 않다고 느낄 때, 리듬을 이해하고 연습할 수 있는 기본자세가 갖춰졌다고 할 수 있다.

2. 그루브(groove)를 잘 타는 요령

그루브(groove)는 '어깨를 들썩이게 하는 정도'라고 앞서 말했다. 빠른 곡이라고 모든 곡이 신나지는 않는다. 그루브에 차이가 있기 때문이다. 우리나라 사람들은 기본적으로 1, 3박에 익숙해 있다. 4분의 4박자를 기준으로 박수를 쳐보면 대부분 사람들은 1, 3박에 박수를 친다. 우리 문화의 정서 때문이다.

예를 들어보자

이 동요를 들려주고 박수를 쳐 보라고 하면 사람들은 대부분 표시대로 1, 3박에 박수를 친다. 외국 사람들을 어떨까? 외국 사람들은 그들의 기본 박자감인 2, 4박에 집중을 해 박수를 친다. 사실 그루브는 2, 4박에 집중해야 나온다.

위의 표시처럼 1, 3박이 아닌 2, 4박에 박수를 쳐보면 우리는 뭔가 어색하다고 느낄 수 있다. 하지만 외국 사람들은 1, 3박을 어색해 한다. 그 이유는 앞서 말한 것과 같이 문화의 정서 때문이다.

빠른 음악을 들어보면 드럼의 박자는 2, 4박이고 그루브도 2, 4박의 리듬을 타야 좋게 나올 수 있다. 해서 모든 음악을 들을 때 2, 4박자에 박수를 쳐보고 2, 4박자에 익숙해지도록 노력해야 한다.

주의할 점:
박수를 칠 때 리듬에
맞추려고 하기보다
몸을 움직이면서 여유 있게
박수 치는 것이 중요하다.

3. 메트로놈을 사용하자

아무리 그루브가 좋아도 박자가 맞지 않으면 절대 그루브를 느낄 수 없다. 컴퓨터처럼 리듬을 너무 정확하게 타면 그루브를 해치는 것은 사실이지만 그렇다고 리듬을 너무 밀어서, 혹은 너무 당겨서 타도 리듬을 해친다.

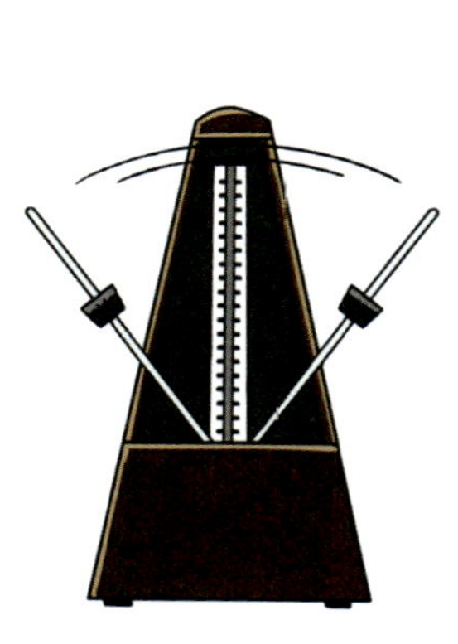

리듬을 정확하게 맞추는 훈련은 메트로놈보다 좋은 방법이 없다. 곡에 맞는 템포(bpm)에 맞춰놓고 무반주로 메트로놈 박자에 맞춰 훈련해 보는 것이 좋다. 원곡과 같은 템포로 연습을 하다가 빠르다고 느껴지면 느리게 해서 훈련해 보고 익숙해 지면 다시 원곡 템포로 연습하면 된다. 주의할 점은 메트로놈을 보고 연습하지 말고 귀로 소리를 들으며 연습해야 한다.

음악은 눈보다
귀에 익숙해 져야 한다.

4. 싱코페이션(syncopation)을 느껴라

싱코페이션이란 무엇일까? 쉽게 말하면 엇박자다. 엇박자를 잘 타야 그루브가 좋아진다.

• 4박자

이처럼 총 4박자 위의 표기된 글씨는 정박이다. 싱코페이션을 넣어보자.

위처럼 정박 사이에 '엔'을 넣어주면서 엇박자를 만들었다. 1, 2, 3번을 연습하며 다른 리듬으로도 응용하며 연습해 보자.

그부르를 잘 타려면 싱코페이션을 잘 느껴야 한다. 메트로놈을 가지고 처음에는 천천히 연습하고, 익숙해 지면 템포를 올려 숙지한다.

'원엔 투엔 쓰리엔 포엔' 엇박자는 소리를 강하게(크게) 표현을 해 보자.

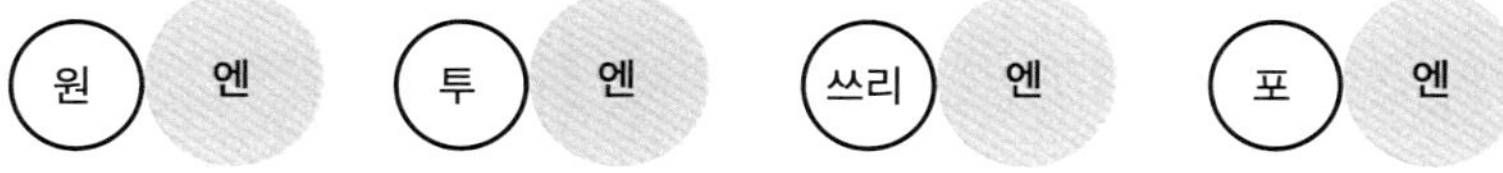

5. 음악을 들을 때 반주와 보컬을 구분해서 들어보자

평소 음악을 듣는 것을 습관화해야 하며, 장르와 관계없이 많은 음악을 들어야 한다. 리듬감을 이해하고 그루브를 잘 타기 위해서 음악을 들을 때 곡의 반주와 보컬을 구분하면서 들어보도록 하자!

보통음악을 만들 때, 반주 부분(악기)은 서로 박자가 정확하게 맞아떨어진다. 그래야 곡의 분위기가 살고, 그래서 연주자들간의 호흡이 매우 중요하다. 하지만 보컬은 조금 다르다. 보통 녹음을 할 때, 반주(MR)가 나온 후에 보컬을 녹음하는 형식이다. 그래서 악기보다 보컬은 조금 더 리듬이 빠를 수도 느릴 수도 있다.

이것이 보컬 그루브인데, 악기의 반주와 잘 묻어 나면서도 보컬의 개성을 잘 살리면서 녹음해야 한다. 보컬이 악기의 반주와 어떻게 다르게 리듬을 타는지 구분해서 들어보자.

6. 레이백(lay-back)이란 무엇인가?

우선 레이백(lay-back)에 대해서 알아보자

레이백(lay-back) : 박자를 정박보다 약간 뒤로 밀어 표현하는 리듬 기법.

사전적 의미 : 긴장을 풀다 마음을 편안하게 갖다.

　보컬 전공자 또는 가수는 보통 레이백에 대해 잘 알고 있다. 리듬 부분에서 아주 중요한 요소 이기 때문이다. 그렇다면 왜 노래를 할 때 레이백을 할까? 가장 중요한 이유는 바로 레이백을 하면 여유가 있어 보이기 때문이다.

　똑같은 곡이지만 레이백을 사용한 것과 그렇지 않은 음악은 느낌이 많이 다르다. 물론 너무 소리를 밀어서 부르다 보면 리듬이 처지거나 지루해진다는 느낌을 받을 수도 있다. 그래서 적당히 뒤로 밀어서 부르다가도 정박에 리듬을 맞춰주고 오히려 앞으로 당기기도 한다. 이러한 과정이 모두 리듬 기교다.

레이백에 대해 정확히 이해해야 잘 표현할 수 있다.

예시) 자이언티 – 양화대교

➡ : 리듬을 미뤄서 여유있게!

그루브가 좋은 자이언티의 곡은 전체적으로 레이백을 많이 쓰고 있다. 다른 가수들보다 좀 더 많은 레이백을 쓰지만 노래가 처진다는 느낌은 받을 수 없다. 그 이유는 레이백을 하다가도 적절하게 소리를 당겨주면서 정박을 지켜주었다가 다시 리듬을 밀어주며 자신만의 스타일로 리듬을 표현하기 때문이다. 자이언티는 리듬으로 자신만의 스타일과 색을 만든 독특한 보컬이라 할 수 있다.

앞서, 리듬감을 잘 표현하려면 레이백을 이해해야 한다고 말했다. 레이백을 이해하려면 노래를 많이 들어보는 수밖에 없다. 노래를 들으며 박자를 타보고 노래가 어떻게 내가 타는 리듬보다 뒤로 밀려서 보컬이 표현되는지, 그 감각을 익히는 게 중요하다. 너무 밀리지 않게 적당히 혹은 아주 조금만, 자신만이 느낄 수 있는 박자감각을 몸에 익히는 것이 중요하다.

대부분 학생들이나 전공자들은 레이백을 어려워 한다. 여기서 포인트는 스스로 리듬을 느껴야 한다는 것이다. 리듬은 배우는 것이 아니라 스스로 느끼고 감각적으로 표현해야 한다.

III

고급편:

정확히 이해해야
표현할 수 있다

1. 호흡법

우리는 호흡을 하지 않으면 살 수 없다. 숨을 들이마실 때 폐에서 산소를 취하고 그것이 모세혈관을 통해 순환되면서 우리 몸 안에 영양소를 산화시켜 에너지를 만든다. 즉, 우리는 산소를 통해 에너지를 얻고 살아갈 수 있다.

호흡의 또 다른 중요한 기능은 말을 할 수 있게 하는 것이다. 호흡을 하고 있기 때문에 말을 하고 노래를 부를 수가 있으며, 마시고 내뱉는 호흡의 과정에서 성대가 진동하기 때문에 말을 할 수 있다.

노래를 할 때 호흡은 매우 중요하다. 때론 부드럽고 감미롭게, 때론 강하고 힘 있게, 모든 소리의 기본은 호흡에서 시작된다. 발성을 배우기 전 호흡에 대한 정확한 이해가 필요하다.

노래를 할 때는
숨을 충분히 마셔라.

1) 횡격막의 이해와 역할

　호흡은 막연하게 이루어지는 것이 아니다. 호흡에 관한 지식이 필요하다. 때문에, 호흡법 향상을 위해서는 호흡에 관련된 횡격막에 대한 정확한 이해가 필요하다.

　횡격막은 호흡할 때 가장 중요한 근육이며, 가로막이라고도 한다. 우리가 숨을 들이마실(흡기) 때는 산소가 폐 속으로 들어온다. 산소가 폐 속으로 들어오는 이유는 횡격막이 내려가고 늑골이 위로 올라가면서 흉강이 넓어지고 흉강 안의 기압이 낮아지게 되는데, 이때 폐 속으로 산소가 들어오게 되는 것이다.

　또한, 횡격막이 내려가면서 장기들을 아래로 밀쳐내기 때문에 배가 나오게 된다. 흡기와 호기를 반복하면서 배가 나왔다 들어갔다 하는데, 이것이 바로 복식 호흡이다. 배가 나온다고 해서 숨이 배로 들어가는 것이 아니다. 많은 학생들이 '배로 공기가 들어가요!'라고 말하지만 잘못된 상식이다. 숨은 폐로 들어오며 배가 나오는 것은 장기가 밀려 나오는 것이다.

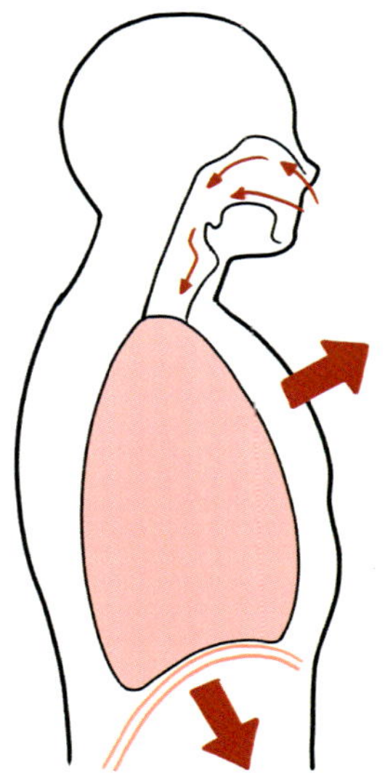 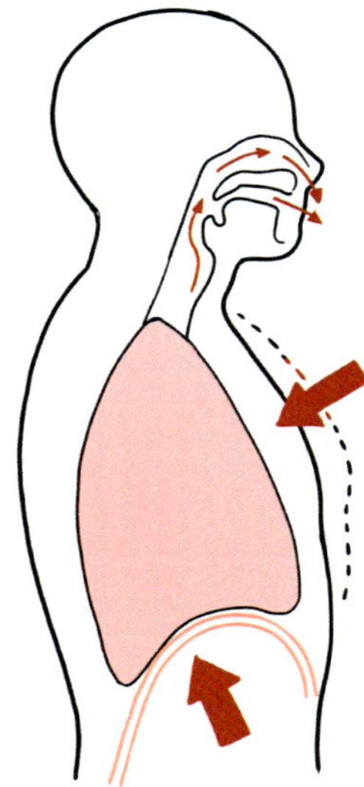

횡격막 근육은 소리의 영향에 가장 중요한 부분으로 작용한다. 호흡을 모아줄 뿐만 아니라 순간적인 호흡을 뿜어내면서 큰소리와 우렁찬 소리를 만들 수 있게 해준다. 횡격막의 작용이 호흡의 속도를 조절하며 큰소리, 작은 소리, 힘 있는 소리, 가벼운 소리를 내게 해준다. 모든 호흡작용이 횡격막 근육의 힘으로 인해 결정된다. 물론 성대의 접촉상태, 성대의 크기, 모양에 따라 소리도 달라지지만, 횡격막은 그만큼 소리의 지대한 영향을 미치게 한다.

★ 횡격막을 이용해 소리를 한번 내보자.

1. 복식 호흡을 해라. (복식 호흡은 왜 하는가? 참조)
2. 소리의 중심(근원지)은 아랫배에 있다고 생각하자.
3. 성대는 최대한 호흡과 잘 비벼져야 한다.
4. 쉰 소리가 나거나 무리하게 호흡이 빠져서는 안 된다.
5. 온몸에 힘은 빠져있어야 하며 아랫배에 긴장은 유지하자.
6. 소리의 방향은 앞이 아닌 위로 향하게 한다.
7. 호흡의 속도는 매우 빠르며(스타카토 느낌) 호흡의 양을 조절해 가면 소리를 내보자.
8. 소리는 '아, 에, 이, 오, 우'로 연습한다.
9. 횡격막의 작용과 성대의 진동이 정확하게 이루어질 수 있도록 하자.
10. 후두 근육이나 성대 근육이 호흡과 소리를 잡거나 막지 않은 편안한 상태에서 어깨와 가슴을 편안히 내리고 가볍게 호흡을 던지며 성대와 잘 비벼지는지 인지하자.
11. 목은 막지 말고 열어준다.
12. 구강을 살려주고 자연스럽게 입을 벌려보자.

2) 호흡의 압력

　우리가 노래할 때는 호흡의 압력이 필요하다. 저음은 호흡을 편안하게 그대로 사용하면 되지만 고음으로 갈수록 호흡의 압력이 필요하다. 고음은 호흡에 압력이 있어야 성대가 잘 접촉하여 소리를 원활히 낼 수 있기 때문이다. 호흡에 압력이 생길 때 그것을 잘 느끼고 소리로 표현해야 한다. 마치 저음을 부를 때처럼 호흡의 압력을 풀어버리면 소리가 같이 풀리게 되어 고음을 낼 수가 없다.

　저음을 낼 때는 말할 때와 같이 특별히 몸에 힘이 들어가지 않는다. 그러나 고음으로 가면서 아랫배에 힘이 들어가며, 서서히 소리를 낼 힘이 몸에 생긴다. 이것은 누구나 그러할 것이다. 여기서 주의할 점은 지나친 힘을 피해야 한다는 것이다. 지나치게 힘이 들어가면 소리가 딱딱해지고 원활하게 발성할 수 없다.

　여기서 호흡의 압력이란 고음으로 가면서 아랫배에 느끼는 힘이라고 말하면 쉽게 이해할 수 있을 것이다. 말 그대로 호흡의 압력을 이용해 소리를 내는 것이다. 고음으로 가면서 마치 대변을 볼 때처럼 호흡을 최대한 가둬두고 압력을 발생시키며 소리를 내야 한다. 우리 몸은 그렇게 설계되어 있고, 이것은 누구나 똑같다.

　호흡의 압력을 이용해 고음을 내지 않으면, 음이탈이 나거나 고음 발성에서 힘이 없어지며, 단단하고 우렁찬 소리를 만들지 못한다. 고음뿐만이 아니라 저음, 중음에서도 호흡의 압력을 적절히 조절하면서 노래해야 한다.

3) 복식 호흡은 왜 하는가?

　우리는 평소 노래를 하는 사람의 호흡을 복식 호흡이라고 한다. 그렇다면 왜 복식 호흡을 하라고 할까? 그 이유는 크게 세 가지로 나눌 수 있다.

① 많이 저장할 수 있다

　복식 호흡을 하게 되면 숨을 많이 모을 수 있다. 숨을 마시게 되면 횡격막이 아래로 내려가게 되면서 장기를 앞으로 밀어내 배가 나오게 된다. 이것이 바로 복식 호흡인데 횡격막이 아래로 내려가면 내려갈수록 배는 앞으로 나오게 된다. 이것은 결국 호흡을 더 많이 저장한다는 의미이다.

② 큰소리를 낼 수 있다

　복식 호흡을 하게 되면 우렁찬 소리, 호소력 짙은 소리, 기본적으로 큰소리를 낼 수 있다. 폐의 밑과 윗배 쪽에 횡격막이 있는데, 횡격막은 호흡을 튕겨주는 매우 중요한 근육이다. 복식 호흡을 하면 횡격막이 아래로 더 많이 내려가면서 호흡을 좀 더 빠르게 튕겨 주고 성대가 진동할 때 큰소리를 낼 수 있다. 활을 쏠 때 활을 잡고 많이 당기면 당길수록 멀리 쏠 수 있듯이 횡격막도 그와 똑같다고 보면 되겠다.

③ 안정감이 생긴다

　복식 호흡을 하면 노래의 안정감이 생긴다. 우리가 놀라면 심리적으로 불안하다. 무대에서 노래할 때 프로든 아마추어든 긴장이 되기 마련이다. 긴장하면 근육이 뻣뻣해 져서 좋은 소리를 낼 수 없다.

이럴 때 복식 호흡을 하게 되면 심리적으로 안정감을 찾을 수 있고, 노래에도 많은 영향을 미친다. 뭐든지 마음가짐에 따라 달라지듯 노래도 그 날의 상태에 따라 달라진다. 모든 근육과 호흡과 발성이 톱니바퀴 굴러가 듯 정확히 맞아 떨어져야 하며, 이것을 천천히 연습해 나가며 정확한 소리를 얻을 수 있도록 노력해야 한다.

4) 호흡 연습 방법

① 서서 하기

- 숨은 코로 마시고 입으로 내뱉는다.

- 가슴과 어깨를 올리지 않는다. 가슴과 어깨를 올린다는 것은 곧 흉식호흡(가슴호흡)을 하고 있다는 의미이다. 거울을 보면서 연습하면 보다 효과적이다.

- 호흡은 배의 앞쪽이 아닌 뒤부터 시작해서 앞으로 호흡이 모이는 느낌으로 숨을 최대한 천천히 마신다.

- 호흡을 내뱉기 전 미간과 광대 근육을 살려주며 '스~' 하고 내뱉는다. (호흡을 최대한 적게 내뱉는다.)

- 호흡은 최대한 일정하게 내뱉으며 호흡이 몸속에서 끝까지 나갈 때까지 내뱉는다.

- 호흡을 내뱉을 때는 하복부 근육이 아래로 당겨지는 듯한 느낌으로 최대한 압력을 유지 하며 내뱉도록 한다.

② 앉아서 하기

앉아서 하기는 서서 하기와 방법은 같다. 앉아서 하는 이유는 우리는 평소 흉식호흡에 매우 익숙하기 때문이다. 이 책을 읽는 당신 또한 흉식 호흡의 달인이라고 해도 좋다.

우리는 평소 숨을 쉴 때 흉식 호흡을 한다. 흉식 호흡에 익숙한 우리가 복식 호흡을 연습하기란 여간 어려운 일이 아니다. 오히려 복식 호흡을 하려고 하면 몸에 더욱 힘이 들어가며, 어색하다. 하지만 노래할 때는 복식 호흡이 매우 중요하니 꾸준히 연습해야 한다.

또 다른 이유는 좀 더 많은 호흡을 저장하기 위함이다. 의자에 앉아서 몸을 45도 정도 숙이고 한 손으로는 배를 만져보고 한 손으로는 가슴을 만지며 어깨가 들리는지 배가 나오는지를 정확히 인지하면서 호흡을 마셔보자.

앞서 말했던 것처럼 호흡은 등 뒤로 들어와서 앞쪽으로 모인다는 느낌으로 최대한 천천히 호흡과 근육의 움직임 또한 느껴가며 호흡을 마셔본다.

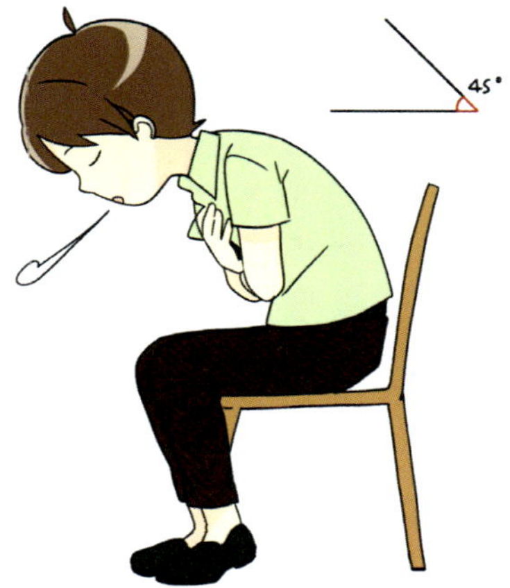

③ 누워서 하기

　누워서 하는 것도 방법은 같다. 누워서 하는 이유는 횡격막 근육운동을 하기 위함인데, 횡격막은 근육과 인대로 이루어져 있다. 근육은 인위적으로 훈련할 수 있다. 노래를 많이 불러봄으로써 자연스럽게 횡격막의 힘을 키워 갈 수도 있지만, 연습을 통해 꾸준히 힘을 기르기 바란다.

　누워서 호흡하는 방법은 호흡을 모으고 내뱉기 전 다리를 쭉 펴고 45도 정도 들어준다. 이렇게 하면 아랫배가 당기게 되면서 힘이 들게 된다. 그 상태로 '스~' 하고 호흡을 일정하게 끝까지 내뱉도록 연습한다.

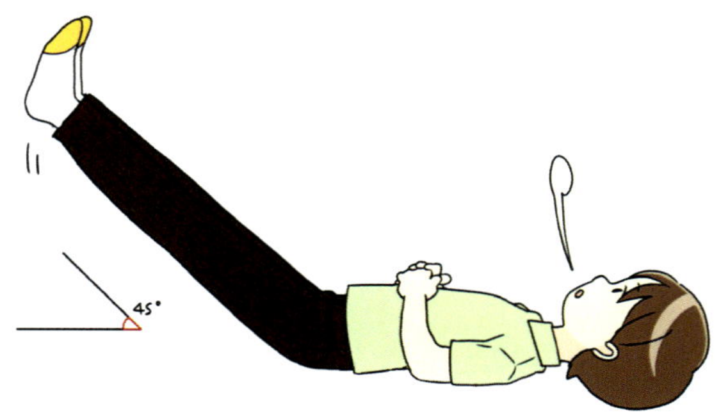

★ Point: 호흡의 압력을 가지고 연습할 것!

호흡을 내뱉을 때는 그냥 '스~' 하고 내뱉는 것이 아니라 호흡을 가장 적게 끊기지 않을 정도로만 내뱉는다. 즉, 최대한 적은 양으로 일정하게 뱉는 것이다. 이때 호흡의 압력이 생기는데(마치 숨이 차올라 아랫배에 집중되는 느낌) 이런 느낌으로 고음을 내야 풍부하고 좋은 고음을 낼 수가 있다. 발성하기 전에 충분히 호흡을 연습해 둬야 한다.

2. 발성법

1) 성대의 이해와 구조

노래를 부를 때 가장 중요한 기관은 성대이다. 성대가 없다면 말을 할 수도 노래를 할 수도 없다. 프로든 아마추어든 노래를 하는 사람에게는 성대 관리가 필수다. 그들에게는 성대가 우리 몸 중 가장 중요한 기관이기 때문에 정확하게 성대에 대해 알고 있어야 한다.

우리는 앞서 호흡법에 대해서 알아보았다. 하지만 호흡이 좋다고 해서 반드시 소리가 좋은 것은 아니다. 좋은 호흡법을 사용하여 올바른 방법으로 성대를 정확히 진동시킬 때 비로소 좋은 소리를 가질 수 있다. 다시 말해 호흡과 성대, 성대를 둘러싸고 있는 후두 근육, 구강의 모양, 혀의 위치 등이 좋은 상호 작용을 이룰 때 좋은 소리를 만들 수 있다는 말이다.

그렇다면 발성법을 배우는 이유는 무엇일까? 발성의 가장 근본적인 취지는 성대를 다치게 하지 않게 보호하며 편하게 소리를 낼 수 있게 하기 위함이다. 또한, 가장 자연스럽게 소리를 내기 위해 발성을 연습하는 것이다.

　연습을 많이 해서 성대결절이 생겼다는 것은 연습을 많이 했다기보다는 정확한 소리로 연습하지 않았기 때문에 생긴 것이다. 발성을 공부할 때는 꼭 기억할 것이 있다.

　발성 연습을 하는 이유는 성대의 피로감을 주지 않고 편안한 소리로 노래하기 위해서다. 이것이 가장 중요한 이유다.

① 후두

　성대는 후두라는 곳에 있다. 노래를 잘 부르기 위해서는 소리를 낼 수 있는 성대와 그 주변의 기관들에 대해 이해가 필요하다. 거울 앞에 서서 목을 보면 돌출된 부분이 있을 것이다. 남자들에게는 특히 잘 보이는데 침을 삼키게 되면 이것이 상하로 움직인다. 이곳을 갑상연골이라 하는데, 이 안에 성대가 있다. 갑상연골이 성대를 둘러싸 보호한다.

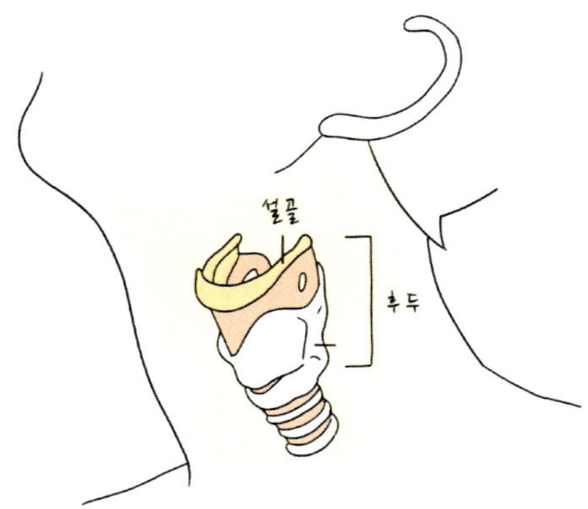

② 설골

　설골은 갑상연골 위쪽에 있는데, 어떤 뼈에도 연결되어 있지 않고 근육과 인대에 의해 고정되어 있다. 혀와 턱 근육이 설골에 연결되어 있는데 턱과 혀가 긴장하게 되면 노래하는 데 지장을 준다. 힘이 들어가면 당연히 근육이 뻣뻣해 지면서 성대를 압박해 소리가 뻑뻑해지며, 저음뿐만이 아닌 고음에서도 소리가 둔탁하게 나게 된다. 때문에, 이 부분은 항상 편안한 상태로 유지해야 한다.

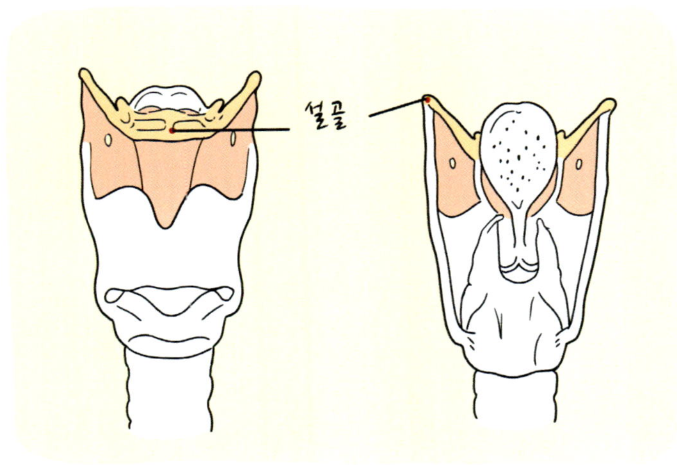

③ 윤상연골

　갑상연골 밑에 있으며, 아래로는 윤상기관 인대로서 기관연골에 이어진다.

④ 갑상연골

갑상연골의 아랫부분은 윤상연골에 연결되어 있으며 윗부분은 설골에 연결되어 있다.

⑤ 피열연골

윤상연골 뒷부분 가장자리에 있는 삼각형 모양의 2개의 연골이다.

⑥ 후두덮개_(후두개)

나뭇잎처럼 생겼으며 갑상연골의 안쪽에 붙어 있고 성대에 연결되어 있다. 음식을 삼킬 때 성대가 완전히 닫히는 것을 도와준다.

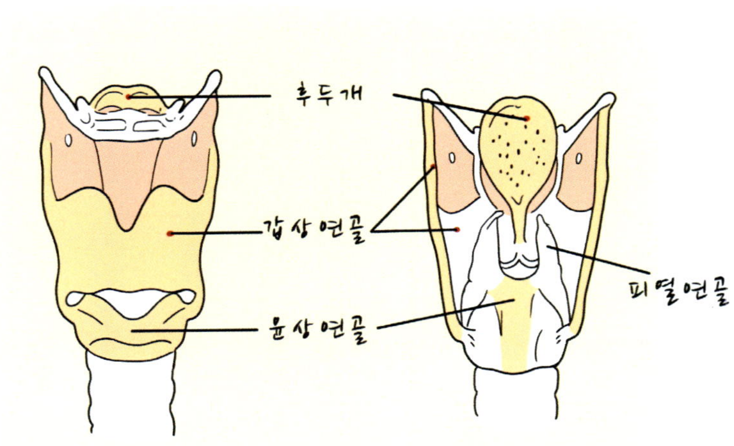

⑦ 성대

성대는 좌우로 갈라져 있는데 이 공간을 성문이라고 부른다. 성대 접촉
이라는 말을 자주 들어볼 텐데, 성대접촉이 바로 성문을 붙이는 것이다.
성문을 적절히 호흡과 비벼주면서 너무 열려도 너무 닫혀도 안된다.

성대의 위쪽에는 가성대가 위치하고 성대와 가성대 사이의 공간에서 점
액이 분비되는데, 점액이 분비되면서 성대를 촉촉이 보호한다. 성문이 너
무 강하게 닫히게 되면 소리가 눌리고 빡빡한 소리를 내게 되며, 반대로
성문이 너무 열려서 소리를 내게 되면 호흡이 많이 빠져나와 호흡이 새는
소리가 나게 된다.

이 경우 호흡의 양이 많아지므로, 성대를 보호하는 점액이 말라서 목이
칼칼해지는 느낌을 받는다. 이것이 심해지면 결절이나 부종을 얻게 된다.

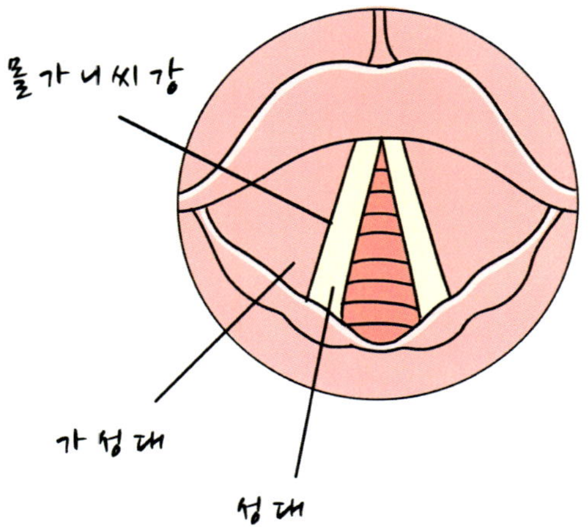

2) 광대의 비밀

호흡을 연습할 때 광대 근육을 올려서 연습하라고 한다. 광대 근육을 올려주는 이유는 무엇일까? 노래할 때 가장 많이 쓰이는 근육이 얼굴 근육인데, 그중에 광대 근육이 매우 중요하고 가장 많이 쓰인다.

가수가 TV에서 슬픈 발라드를 부를 때 무표정으로 노래하는 가수를 본 적이 있는가? 아마 없을 것이다. 보통 인상을 쓰는데, 인상을 쓰게 되면 광대 근육이 올라간다. 반대로 댄스가수가 춤을 추며 노래할 때는 웃으며 노래하는데, 웃을 때 또한 광대 근육이 올라간다.

필자가 말하고 싶은 것은 광대 근육을 올리면 음의 피치(pitch)가 정확해진다는 것이다. 노래를 할 때 고음 부분에서 음정이 많이 떨어질 때, 광대를 올리면 음정이 더 정확해지며 고음도 훨씬 잘 낼 수 있다.

예전에 '스펀지'라는 TV 프로그램에서 위와 같은 내용을 방송했던 기억이 난다. 광대를 올려 줌으로써 소리의 방향이 앞이 아닌 위가 되기 때문에 근육의 움직임이 소리를 돕는 것이다.

광대 근육을 이용해서 소리의 움직임을 돕고 정확한 음정에 도달할 수 있으며, 올바른 근육사용으로 연기력에도 충분한 도움을 준다.

노래할 때는
표정연습(근육사용)의 중요함을
깨달아야 한다.

3) 성대 접촉 (성대 붙이기)

성대 접촉이란 무엇일까? 말 그대로 성대의 양쪽 성문이 접촉되는 현상이다. 성대 접촉은 매우 중요한데, 발성을 본격적으로 배우기에 앞서 정확히 알아보자.

소리는 호흡이 나가면서 성대를 진동하여 나는 것이다. 평상시 말을 할 때는 큰 불편함을 느끼지 못하지만, 노래를 하면 평소에 쓰지 않는 음역을 사용하기 때문에 성대에 많은 문제가 생긴다. 노래할 때는 저음부터 고음, 소리의 크기(볼륨), 톤, 기교 등 고도의 성대 통제가 필요한데, 성대의 전체 면적을 온전히 접촉하면 호흡의 낭비가 줄어들면서 더욱 선명하고 깨끗한 소리를 낼 수 있다.

하지만 성대 접촉이 심할 때는 소리가 빽빽해지고 답답해질 수 있으므로 적당히 통제해야 한다. 일반적으로 성대접촉이 잘 안 되어 성대의 진동이 커지면, 부종이나 결절이 생길 수 있다.

저음에서는 성대의 진동을 확연히 알 수 있다. 굵고 파장이 크다. 그러나 고음으로 가면 어떨까? 저음처럼 똑같이 파장이 크고 호흡이 새는 것을 느낄 수 있을까? 그렇다고 한다면 성대접촉이 잘 되질 않는 것이다. 성대접촉이 되면서 통제를 해야 하는데 접촉하지 못하여 호흡만 낭비되고 깨끗한 소리를 얻어 낼 수 없는 것이다. 그로 인해 고음도 안 되고 성대만 상하는 것이다. 고음으로 갈수록 진동의 폭은 좁고 빠르다.

성대는 불수의근(제대로근)이다. 불수의근이란 사람의 의지에 따라 조절할 수 없는 근육을 말한다. 그렇다. 성대를 접촉하라고 했지만, 사실 성대는 본인의 의지 따라 조절할 수 없는 근육이다.

그럼 어떻게 성대를 접촉하란 말인가? 자연스럽게 행해지고 있는 신체의 본능적인 행위들을 통해 성대, 후두 근육을 간접적으로 통제해야 한다. 이는 물론 꾸준한 연습을 통해 이루어지는 것이다.

소리를 내지 않으면 성대는 닫혀있다. 성대는 소리를 낼 때 열린다. 호흡을 마신 뒤, 소리를 내기 전 하복부의 근육이 아래로 빨려 들어가는 느낌으로 호흡의 압력을 유지해야 한다. 소리는 저음부터 시작하되 고음으로 갈수록 성대 진동의 폭이 좁아짐을 느끼고 진동의 속도 또한 매우 빠른 것을 느껴야 한다.

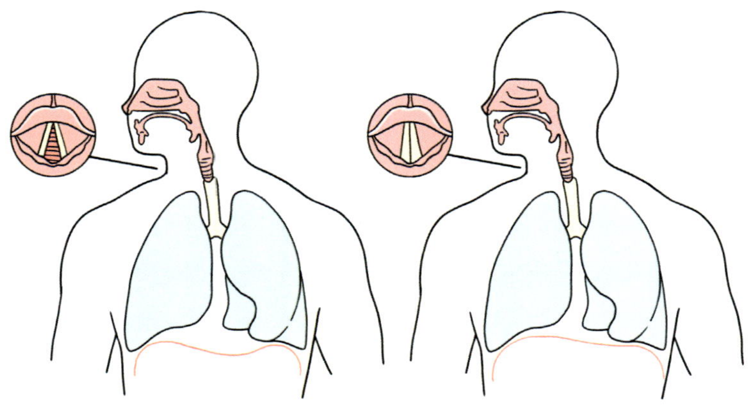

이렇게 하라고 하면 제자들은 "선생님 그럼 목을 조이는 건가요?" 하고 물어본다. 누구나 고음으로 가면 저음보다는 목이 조인다는 느낌을 받는다. 목을 조인다는 말은 후두 근육이 성대를 압박 한다는 의미인데 이것은 전혀 다른 말이다.

목에 힘이 들어가지 않으며 외부에서 목을 볼 때 또한 아무런 변화가 없어야 한다. 호흡과 성대가 얇게 접촉되며 호흡을 최소화하고 소리를 극대화 시키는 연습이 필요하다. 고음으로 갈수록 절대 목에 힘을 주지 말아야 하며, 성대의 느낌을 정확히 인지하고 연습할 수 있도록 하자.

4) 소리의 구간

① 발성 저음 구간

　저음구간을 부르게 되면 소리의 중심이 가슴에서 느껴질 것이다. 다시 말하면 아래쪽에 소리의 구간이 형성된다는 것이다. 특히 남자가 더 잘 내는 소리이며 누구나 쉽게 낼 수 있다. 소리의 특성상 저음은 가슴 울림이 형성되고, 가슴에 중심을 잡고 소리를 내야 정확한 발성으로 소리가 난다.

　이때 가슴에 힘이 들어가지 않아야 하며, 저음은 누구나 낼 수 있는 편안한 소리이기 때문에 자연스러움이 중요하다. 호흡을 충분히 마시고 편안한 상태에서 풍부한 저음의 소리를 내는 연습을 많이 하자. 이때 호흡이 많이 새어 나오거나 갈라지는 소리가 나서는 안 된다. 항상 잊지 말자! 호흡은 편안하고 소리는 가볍게 내야 한다.

② 발성 중음 구간

정해져 있지 않고 사람마다 약간씩 다를 수 있으나 남자(2옥타브, E또는 F부터 2옥타브 B까지)와 여자(2옥타브 G또는 A부터 3옥타브 C까지)가 가창할 때 가장 많이 표현되는 소리의 중간 구간이다.

이 소리는 중고음에 많이 쓰이는데, 중음 구간을 정확히 낼 줄 알아야 저음, 고음 구간으로 이동하기가 편해진다. 중음 구간의 느낌은 인중을 생각하면 쉽게 연습할 수 있고 소리의 교두보 역할을 하는 셈이다.

중음 구간을 연습할 때 가장 좋은 방법은 먼저 말하는 방법이다. 공기가 많이 새어 나가지 않고 부드럽고 가볍게 읽는 연습을 하는 것이 좋다. 그럼 성대에 아주 가벼운 자극이 들어가는 것이 느껴질 것이다. 이 가벼운 자극을 그대로 중음 구간으로 끌고 가야 한다.

이 부분은 음표로 볼 수 있듯 중음 구간이 대부분이다. 이런 중음역대 연습에서는 노래를 부르기 전에 앞서 말한 '말하는 방법'으로 우리 뇌가 그 위치를 기억할 수 있게 만들어야 한다. 그렇게 하면 성대가 아주 가볍고 기분 좋게 붙는 느낌을 느낄 수 있을 것이다.

이때 주의할 점은 세게 소리 내거나 발음을 흘려서는 안 된다. 정확하고 가볍게 읽는 연습이 중요하다. 반복적으로 훈련한다면 중음역대가 잘 안 되던 사람도 가볍게 소리 낼 수 있을 것이다.

③ 발성 고음 구간

고음 구간에서는 성대가 길어지면서 성문이 좁아지고 접촉되는 면적이 넓어진다. 위쪽(머리)으로 소리를 낸다고 생각하면 쉽게 접근할 수 있다. 그렇다면 우리는 어떻게 고음을 잘 낼 수 있을까?

필자가 권하는 가장 좋은 방법은 하품이다.(고음은 고음훈련 편에서 더 자세히 다뤄보자.) 우리가 하품을 하면 입천장의 연구개가 들리는 느낌을 받을 수 있다. 이때가 중요하다. 뒤의 공간이 확장되면서 성대가 자연스레 붙을 수 있게 된다. 이때 발음연습은 자음은 'ㅁ, ㅂ'을 모음은 'ㅏ, ㅔ'로 하는 것이 좋다. 하품은 목이 열릴 수 있는 가장 좋은 방법이며, 숨이 새어나간다는 느낌보다는 살짝 윗부분을 건드려준다는 느낌이 좋다.

남성이 2옥타브 C코드로 스케일 연습을 한다고 치면 '도, 레, 미, 파, 솔'의 5도 음계가 있을 것이다. 이 5도 음계에서 '파'와 '솔'로 접어드는 고음역대의 전 단계인 '미'가 다리 역할이 되는 것이다.

2옥타브 미부터 호흡의 양을 줄여나가는 것이 좋다. 만약 이 음계에서 호흡의 양을 '도'와 '레'같이 한다거나 더 늘린다면 고음역에서 기침이 나오거나 호흡이 많이 새어 나가게 되면서 선명하고 깨끗한 소리를 내지 못한다.

이렇게 모든 성구가 전환되어 소리 낼 수 있는 연습을 하게 된다면 본인이 어려워했던 곡들이 점차 쉬워질 것이다.

스케일은 자신의 음역에 따라 저음부터 고음까지 충분한 연습을 해야한다.

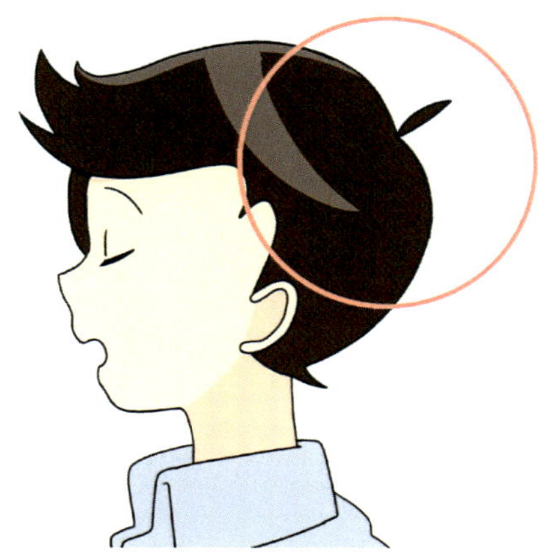

5) 발성은 피라미드다 (소리의 위치, 중심)

발성의 기본 목적은 앞서 말한 것과 같이 최대한 편하고 자연스럽게 노래하기 위해, 또한 성대에 피로감을 덜어주고 성대를 보호하며, 좋은 소리, 올바른 소리를 얻기 위함이다.

발성은 피라미드와 같다. 이집트의 피라미드는 삼각형 모양으로 위쪽은 뾰족하고 밑으로 내려올수록 넓어진다. 발성을 피라미드 모양에 대입해 보면 밑부분은 저음이고 위로 갈수록 고음이다. 고음으로 갈수록 소리의 폭은 좁아지며, 소리의 위치는 위로 점점 올라가야 한다.

그렇다면 소리의 성질을 보도록 하자. 피아노로 가장 저음인 것을 쳐보면 느낌은 위일까? 아래일까? 아마 소리가 아래쪽에서 울림을 형성하고 있다는 느낌을 받을 것이다. 그렇다면 고음은 어떨까? 위쪽의 느낌이다. 소리의 성질이 이렇다. 저음은 아래, 고음으로 갈수록 윗부분의 성질을 가지고 있다.

우리가 소리를 낼 때 또한 마찬가지다. 저음은 우리 몸의 아랫부분 즉, 흉성을 의미한다. 중음으로 가면 인중(얼굴), 고음으로 가면 머리 즉, 두성이다. 저음부터 천천히 고음으로 올라가면서 소리의 중심을 위쪽으로 향하며 폭이 점점 가늘어지고 모인다는 느낌으로 연습해보자.

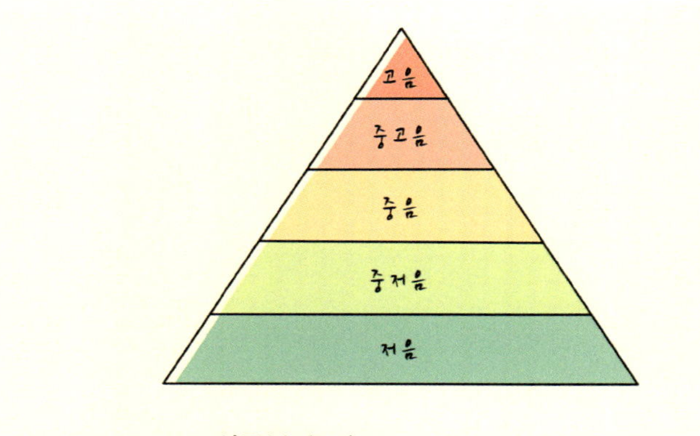

상두부: 높다.
비강: 부드럽고 가볍다.
구강: 소리의 변화를 주는 요소이다.
흉부: 강하고 힘 있다.

저음을 낼 때 확실히 가슴 쪽에 중심을 두고 소리를 내면 훨씬 풍부한 소리를 낼 수 있다. 고음이 안되는 이유 중에 하나가 바로 소리의 중심을 못 맞춰서이다. 고음으로 가면 갈수록 몸의 중심과 소리의 위치가 위쪽으로 이동해야 하는데 그렇지 못하기 때문에 시원하게 고음을 낼 수 없는 것이다.

고음으로 갈수록 피라미드처럼 소리가 모여야 하며, 상체의 힘은 더욱 빠지는 느낌을 받아야 한다. 하지만 일반적으로는 고음으로 갈수록 몸에 힘이 들어가기 마련이다. 몸에 힘을 주면 중심 또한 이동하기 힘들어진다. 때문에, 최대한 편하고 자연스러운 상태에서 정확한 자세와 근육사용으로 천천히 소리의 중심을 느껴가며, 소리의 변화를 인지하자.

6) 활은 당기면 당길수록 멀리 나간다 (소리의 방향)

앞서 소리의 중심에 대해 알아보았다. 소리의 중심만큼 발성에서 중요한 부분이 소리의 방향이다. 활은 당기면 당길수록 멀리, 그리고 빠르게 뻗어 나간다. 소리도 이와 같다고 생각하면 쉬울 것 같다. 고음으로 갈수록 소리의 중심은 위로 올라간다고 했는데 그렇다면 소리의 방향은 어딜까?

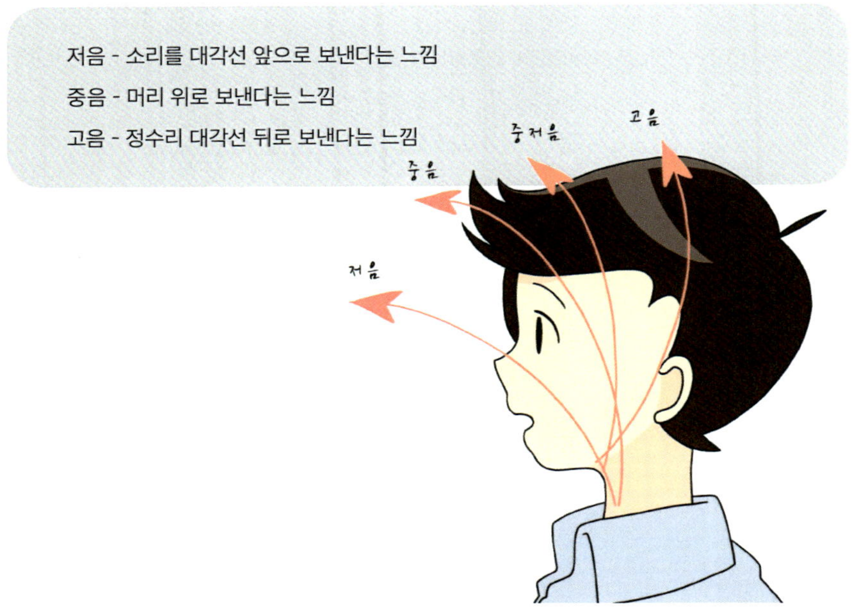

대부분 사람들은 고음을 낼 때 소리를 더 크고 더 세게 내려고 한다. 그렇게 되면 몸에 힘이 들어가고 후두와 턱의 긴장을 유발하여 성대를 압박하기 때문에 소리가 막히거나 나오지 않게 된다.

　　고음으로 갈수록 소리의 방향은 앞쪽이 아닌 대각선 뒤쪽으로 내줘야 한다. 연구개(입천장 뒤쪽의 부드러운 부분)는 고음으로 갈수록 더욱 둥글게 들어 줘야 하며, 소리를 연구개로 보내는 느낌으로 힘을 쓰기보다는 중심과 방향을 정확히 느껴가며 연습해야 한다. 주의할 점은 소리를 먹어서(먹먹하고 답답한 소리)는 안 된다.

7) 턱의 중요성

　수많은 제자들을 트레이닝 하면서 턱에 문제가 있는 학생들을 많이 봤다. 그렇다면 노래할 때 턱은 얼마나 열어줘야 할까? 또한, 턱에 힘은 어떻게 뺄까? 노래하는 학생들의 아래턱이 앞으로 나오는 경우가 많다. 특히 고음으로 가면 갈수록 턱에 문제가 생긴다. 힘이 들어가는 것은 둘째 치고 턱이 돌아가거나, 나오거나 반대로 들어가는 경우도 있으며 턱 때문에 고통을 호소하는 사람들도 많다.

　기본적으로 입 모양 즉, 턱은 많이 열어주는 것이 좋다. 절대적인 것은 아니지만 큰 구멍에서 나오는 소리가 당연히 크다. 노래를 잘하는 가수들은 대부분 입이 엄청 크다. 그들은 또한 얼굴 근육을 굉장히 많이 이용하는데, 큰소리와 좋은 소리를 얻기 위함이다. 물론 고음에 갔을 때 큰 입 모양은 오히려 방해되기도 한다. 입을 크게 열면 연구개를 둥글게 들어주거나 소리를 모아주기 어렵기 때문이다.

노래할 때 턱은 광대를 기점으로 하품하듯 상하좌우로 크게 열어준다. 이때 턱이 앞으로 나와도, 뒤로 들어가도 안 된다. 힘은 당연히 빼줘야 하며 최대한 자연스럽게 입을 벌려보자. 이때 무조건 크게 벌리기보다, 거울을 보면서 자신의 입 모양이 자연스러운지 체크 하며 연습하는 것이 매우 효과적이다.

그렇다면 턱은 왜 중요할까? 후두 근육, 혀, 턱에서 머리까지 이어지는 근육은 모두 턱과 직접적으로 관계가 있다. 턱에 힘이 들어가면 곧 후두에도 힘이 들어가고 근육이 긴장해 목구멍을 조인다. 턱에 힘이 빠지면 후두 근육이 편안해 지면서 턱에도 힘이 빠지고 소리도 좋아진다. 또한, 턱의 모양에 따라 발음도 달라지며 소리의 울림이나 음색에도 관여한다. 때문에 바른 턱의 위치를 갖도록 계속 훈련해야 할 것이다.

가수가 되겠다며 찾아온 제자가 있었다. 1년 6개월 정도 실용음악학원에서 노래를 배웠던 고등학생이었다. 테스트해본 결과 턱에 문제가 많았다. 그로 인해 고음 2옥타브의 '미' 정도만 되어도 소리를 내기 힘들어했다.

이 학생은 잘못된 습관으로 인해 소리가 안 나오는 것이다. 노래할 때 턱이 앞으로 빠졌고 턱과 후두주위의 근육에 힘이 들어가는 것이 확연히 보였으며 목구멍을 굉장히 심하게 압박했다. 이후 턱만 교정했을 뿐인데 상당한 효과를 보았다.

노래는 한번 습관을 잘못 들이게 되면 고치기 매우 어렵다. 그렇기 때문에 이 책의 첫 장에 올바른 자세를 서술한 것이다. 자세 중 특히 턱과 후두, 광대 근육에 대해서는 정확히 알고 있어야 한다.

8) 혀의 위치는 어디인가?

　트레이닝을 하다 보면 혀에 문제가 많은 제자를 볼 수 있다. 노래할 때 목에 힘이 들어가는 제자들을 많이 보는데, 이것은 곧 후두 근육에 힘이 들어간다는 것이다. 후두 근육과 혀는 연관된 근육이기 때문에 혀에 힘이 들어가면 후두에 힘이 들어가게 되고 목에 힘이 들어가게도 혀에 영향을 미친다.

　노래를 할 때 소리가 막혀 답답하게 들리는 경우가 있다. 여러 가지 문제점이 있겠지만, 혀가 위로 많이 들리거나 올라와 기도 확보가 안 되어 소리가 답답하게 나오는 것이다. 실제로 트레이닝을 할 때 혀가 많이 올라오는 제자가 있었다. 목에 뻑뻑함을 느꼈고 소리를 밀어내는 습관이 있었다. 호흡이 문제인가 발성이 문제인가 하는 의구심이 있었지만, 혀의 위치를 보고 문제점을 정확하게 집어낼 수 있었다.

　혀는 힘을 빼고 가볍고 자연스럽게 아래로 내려와 있어야 한다. 혀가 아래로 내려와 있어야 충분히 구강이 확보되고 목구멍 또한 열리게 된다. 반대로 혀가 들리면 목구멍이 막혀 소리가 정확히 나오지 않는다. 만일 노래할 때 혀가 들린다면 거울을 보고 젓가락이나 팬으로 혀를 눌러보자. 혀를 누르면서 소리의 변화를 느껴보자.

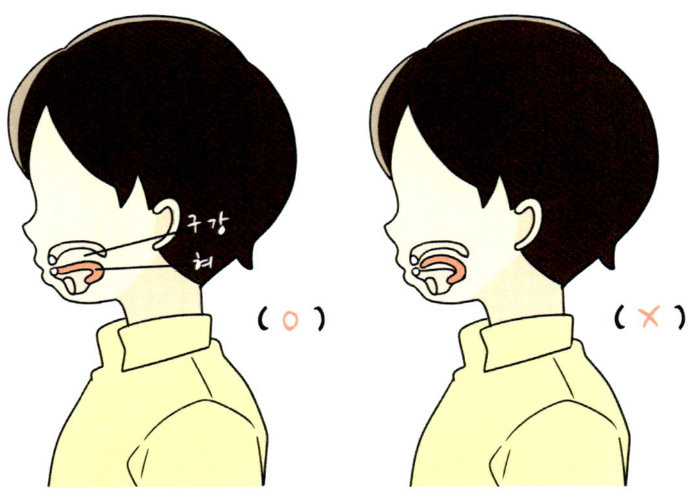

　혀를 누르면서 성대 접촉이 안 될 수도 있으니 호흡이 새지 않게 접촉을 정확히 해주며 소리의 변화를 느껴야 한다. 실제로 혀가 들리는 제자들의 혀를 눌러주면서 큰 효과를 보았다. 정리하자면, 노래를 할 때는 혀에 힘이 빠져야 하며 아래쪽으로 가볍게 놓여 있어야 한다. 물론 '긔, 퀴' 발음 같은 경우에는 혀가 올라와야 발음할 수 있다. 발음에 따라 혀가 올라오더라도 최대한 구강을 살려 발음하는 것이 좋다.

9) 저음 내는 방법

노래를 오래 하다 보면 고음보다 저음을 내기 어렵다고 느낄 때가 많다. 오히려 고음이 소리가 정확히 잡힌다면, 저음은 소리가 잘 안 잡히거나 정확성이 떨어질 때가 많다. 저음은 고음처럼 호흡의 압력을 이용하지 않고, 소리 또한 고음처럼 웅장하고 우렁차게 내기보다는 편안히 힘을 빼고 소리 내는데도 왜 고음보다 저음을 내기가 불편할까?

그런 사람들은 고음 연습에 치중했을 가능성이 크다. 그럴 때 저음이 오히려 잘 안되는 경우가 많기 때문이다. 정확한 이유는 소리의 중심이 위로 많이 형성돼 그렇다고 말할 수 있겠다. 풀어 설명하자면, 내 몸이 고음을 잘 낼 수 있도록 중심이 맞춰져 있다는 것이다.

고음을 낼 때는 몸통의 윗부분(머리), 저음은 흉부(가슴)를 이용하게 되는데, 고음 연습에 치중함으로써 저음 영역에서 흉부를 정확히 쓰지 못하기 때문이다. 실제로 가슴이 울리지는 않지만 저음을 낼 때는 마치 가슴을 울린다는 느낌을 받아야 한다.

꼭 그런 것은 아니지만, 일반적으로 소리가 정확히 잡히지 않는 사람들은 가슴을 쓰도록 한다. 노래할 때 소리의 중심 즉, 내가 내는 소리가 마치 몸통에서 소리가 나온다는 느낌이 들어야 한다. 또한, 소리의 중심이 아래로 내려와 있다는 느낌을 받아야 하며 소리를 쭉 아래로 내린다는 느낌을 가지고 노래를 해야 한다.

10) 음의 간격을 이용한 연습방법

우리가 노래할 때는 다양한 음들이 존재하고 이 음들의 간격은 다소 불규칙하다. 가창 시 정확한 음정과 자유로운 표현을 위해 우리가 할 수 있는 간편한 방법의 하나가 스케일 훈련이다. 하지만 보통의 스케일 훈련은 '1.2.3.4.5 - 5.4.3.2.1' 이렇게만 표현한다.

하지만 노래를 부를 때, 꼭 상행음만 연속적으로 나열되거나 하행음만 연속적으로 나열되진 않는다. 좀 더 복잡한 구조로 음정연습을 한다면 실제 가창에서 효과를 볼 수 있을 것이다. 예시의 악보를 보면 알 수 있듯이 '1.2.1.3.1.4.1.5 - 5.4.5.3.5.2.5.1' 처럼 이렇게 좀 더 음을 세분화해서 스케일 연습을 하게 되면 실 가창에서, 더욱더 잘 적응할 수 있게 된다.

이때 한 손은 피아노를 한 손은 음정의 위치에 맞춰 음을 찍어주면 훨씬 효과적일 것이다. 우리 소리는 동작에 영향을 많이 받기도 해서, 가만히

멀뚱멀뚱 앉아서 하는 것보다 역동적으로 몸을 움직여주고 손을 써주면 음을 찾기가 훨씬 더 쉽다.

연습할 때는 너무 무리하게 고음역대에 접근하지 말고, 음정을 정확하게 익힌다는 느낌으로 연습해야 한다.

11) 비브라토 연습

　많은 사람이 '비브라토'와 '바이브레이션'의 뜻을 두고 논쟁을 벌이곤 한다. 바이브레이션은 떨림, 진동이라는 뜻이다. 비브라토는 사전적 의미로는 기악이나 성악에서 음을 상하로 가늘게 떨어 아름답게 울리게 하는 기법 또는 그렇게 내는 음을 의미하는데, 이것은 연주할 때의 기교의 한 방법으로 쓴다. 따라서 노래에서는 단순한 진동, 모든 떨림을 뜻하는 바이브레이션이라는 말보다는 비브라토가 맞다.

　노래할 때 지나치게 비브라토를 사용하면 듣기 거북하겠지만, 중간중간 혹은 끝처리에 적당히 사용하면 세련되고 안정감 있는 진행을 도와준다. 비브라토가 잘 안 되는 사람들이 있는데 그 이유는 후두의 움직임이 다소 불안정 하기 때문이다. 우리가 비브라토를 할 때 가장 많이 쓰이는 곳이 후두인데 이 후두가 움직이지 않거나 불안정하게 움직이면 비브라토가 잘 안 된다.

　연습 방법은 뜻밖에도 간단하다. 2개의 음정(반음간격)을 가지고 음을 올렸다 내렸다 하면서 후두의 움직임 또한 올렸다 한다. 처음에는 천천히 연습하다 나중에는 점점 빠르게 연습한다. 일정하게 후두가 움직이면서 음정이 정확하게 표현될 때 편안한 비브라토가 될 것이다.

3. 고음 훈련 (고음 발성법)

많은 사람이 노래에서 가장 불안해하고, 고민하는 부분이 바로 고음일 것이다. 노래에 있어 고음이 전부는 아니지만, 꼭 필요하다. 많은 사람이 고음에 집착하는 이유는 간단히 말하자면 고음에서 가장 희열을 느끼기 때문이다. 그렇다면 이제 고음에 대해서 알아보자.

1) 자신감을 가져라

지금까지 배워왔던 모든 소리의 방법이 바로 고음을 내는 방법 중 하나다. 하지만 대부분의 전공자가 본인의 노래에 만족을 못 한다. 노래를 잘 하든 못하든 프로가수들도 자신의 노래에 만족을 못 할 것이다.

이런 사람들은 자신감을 가져라! 자신감을 가진다고 모두가 고음을 잘 부르는 것은 아니지만, 자신감을 통해 빠른 습득력과 할 수 있다는 의지가 생기기 마련이다. 고음은 확신 없이 소리를 내면 절대 안 된다. 확신 또한 자신감에서 나온다

2) 몸에 힘을 빼라

고음으로 갈수록 몸에 힘을 준다는 것은 과연 옳을까? 대부분의 사람은 고음으로 갈수록 몸에 힘을 더 줘야 소리를 잘 낼 수 있다고 생각한다. 하지만 그와 정 반대다. 소리를 낼 때는 몸에 힘을 빼야 오히려 좋은 소리와 좋은 고음을 얻어 낼 수 있다.

앞서 우리의 악기는 몸이라고 말했다. 악기 자체에 힘이 들어가면 근육에 힘이 들어가게 된다. 이렇게 되면 소리를 낼 때 사용하는 근육(얼굴, 목, 어깨, 가슴)들이 긴장하여 소리를 뻑뻑하게 만들면서 성대를 압박해 고음을 낼 수 없다.

고음을 낼 때는 최대한 편안한 자세와 소리를 낼 수 있는 기본적인 호흡의 압력만 있으면 된다.

3) 성구의 변화

클래식에서 말하는 파사지오, 실용 음악에서 흔히 말하는 반가성, 진가성 등 고음을 내기 위한 다양한 창법이 있다.

저음역에서 고음역으로 소리를 낼 때, 변하는 지점을 느끼며 소리가 달라지는 것을 경험해 보았을 것이다. 진성의 느낌이 아닌 진성과 가성이 섞여 있는 듯한 느낌 혹은 기존 발성의 느낌보다 가볍고 열려 있는 듯한 느낌 등 여러 느낌이 공존한다.

실제 후두경으로 성대를 관찰해보면 저음에서 고음으로 넘어갈 때 어느한 지점에서 성대의 진동상태가 확연히 달라지는 것을 발견할 수 있다. 그경계 부분에서 성대의 폭은 좁아지고 길어지며 성문의 바깥쪽은 빠른 속도로 진동한다.

즉, 저음에서는 성대가 넓고 짧으며, 고음으로 갈수록 성대는 길어지고폭이 좁아지면서 진동이 빠르다는 것을 알 수 있다. 성구란 이것이다. 저음에서 고음까지 소리를 낼 때, 어느 한 지점에서 성대와 구강의 모양이바뀌면서 기존의 소리와 확연히 다른 고음의 톤을 내는 것이다. 이것을 성구의 변화라고 한다.

4) 연구개와 구강의 모양

    고음을 내기 위해 성구의 변화를 느끼는 것이 중요하다. 중고음 발성에서 고음으로 소리가 넘어가면서 한계음에 다다랐을 때 구강의 모양에 변화를 줘서 소리의 변화를 느낄 수 있는 부분이 있다. 보통 남자 기준 '2옥 옥 솔~라' 부분, 여자 '3옥 레~미' 부분이 표준이며 더 낮을 수도, 높을 수도 있으니 정확한 본인의 음역을 기억하고 그 기점으로 고음 발성을 연습해 보자.

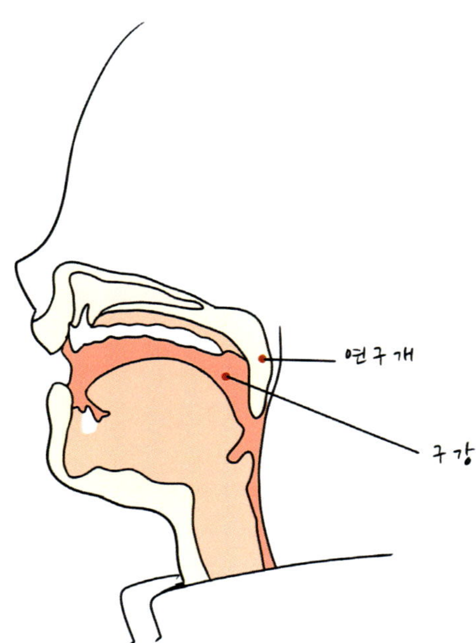

★ 성구의 변화가 있거나 본인의 한계음에 왔을 때

1. 연구개는 둥글게, 입천장 대각선 뒤쪽으로 끌어 올린다.

2. 소리는 절대 앞으로 뱉는 것이 아니라, 입이 마치 뒤통수에 있듯 소리는 뒤쪽과 위쪽으로 당겨야 한다.

3. 소리를 더 크게 내야겠다는 생각을 하면 오히려 작아진다. 그러므로 유지한다는 느낌을 가지고 연습하자. 톤과 크기는 나중에 연습해도 된다.

4. 성대접촉이 잘 안 될 것이다. 고음에서 음이탈이 나는 것은 바로 성대가 순간적으로 열리기 때문이다. 이때 호흡의 압력을 최대한 하복부쪽으로 끌어당겨서 음이탈이 나지 않도록 유의한다.

5. 소리는 연구개를 통해 정수리로 뻗어 나가는 느낌이며, 성대의 느낌을 잘 기억해야 한다. 구강 전체가 넓다는 느낌보다는 구강 뒤쪽은 넓고 위쪽은 열려있다는 느낌을 받아야 한다. 입 모양은 약간 닫힌 둥근 모양이 되어야 한다.

6. 공기의 유입이 늘어나게 한다.

7. 소리가 너무 뒤로 빠져 먹먹한 소리가 되지 않게 하는 것이 포인트다.

8. 후두의 위치는 편안히 내려가 있어야 하며 주위 근육은 긴장 없이 편안해야 한다.

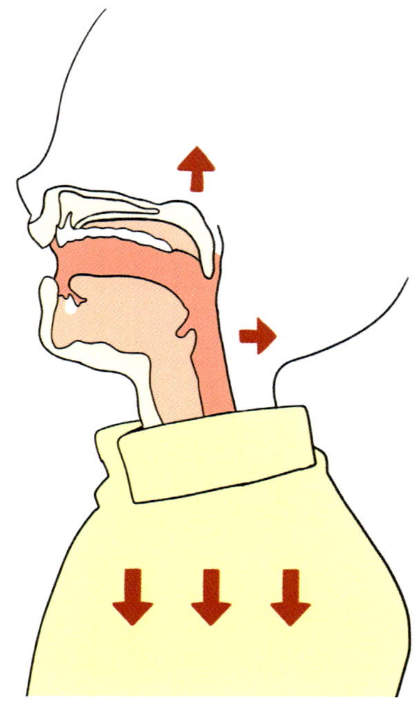

고음을 낼 때는 소리를 부드럽게 처리하기가 매우 힘들다. 소리의 크기를 비롯해 음색의 변화가 심하고 음정도 불안해지기가 쉽다. 그래서 모음 발성에 적절한 변형을 하면 효과적이다. 예를 들어 '에' 발음은 '애'로 열어 발음한다. 하지만 발음은 열려 있지만, 소리는 열려 있지 않게 해야 한다. 가수 나얼의 창법을 상상해 보면 쉽게 이해할 수 있을 것이다.

앞서 언급한 것처럼 고음은 소리를 크게 내서 음정을 맞추는 것이 전부가 아니다. 혀와 턱의 문제, 지금까지 알아본 정확한 자세와 소리 내는 방법을 철저히 익힌 후 연습해야 하겠다. 고음은 분명 연습으로 어느 정도 해결할 수 있다.

실로 많은 제자를 트레이닝 하면서 고음에 대한 꾸준히 공부했다. 그 결과 학생들에게 많은 변화를 줄 수 있었다. 노래는 한순간에 완성되는 것이 아니라 꾸준히 인내심을 가지고 연습해야 하는 것이다. 잊지 말자! 여유를 가져라.

4. 공명 (발성의 꽃)

우리는 인터넷이나 언론 매체를 통해 이런 말을 들어봤을 것이다.

"공명을 사용해봐!"
"두성을 사용해야지!"
"이 부분은 비성으로 부드럽게 가면 좋겠어."

너무나 어려운 주문에 이 말이 맞는 것 같기도 하고 저 말이 맞는 것 같기도 해서 혼란만 가중되었을 것이다. 사실 필자는 두성, 비성, 흉성이라는 말을 잘 사용하지 않는다. 하지만 개념정리는 필요하니, 정리하며 실질적인 공명강을 알아보자.

두성, 비성, 흉성은 공명을 좀 더 쉽게 풀어내기 위해 만든 용어에 지나지 않는다. 실제로 공명은 머리, 코, 가슴에서 울리지 않는다. 마치 머리, 코, 가슴에서 울리는 것 같은 느낌을 줄 뿐이다.

공명이란 울림이다. 사전적 의미로는 소리가 무엇에 부딪혀 되울려 나오는 현상, 다시 말해 우리 몸의 어느 부분으로 소리를 쳐내 울림이 증폭되는 현상이다. 성대의 진동으로 인해 생겨난 소리는 작을뿐더러 좋은 소리를 얻지 못한다. 이 소리가 공명강을 지나면서 울림이 커지고 성대에서 나오는 소리가 전달되어 배음이 첨가됨에 따라 더욱 크고 우렁찬 소리를 얻게 된다. 이 현상이 바로 울림, 공명이다. 어느 공명강이 진짜인지와 가장 효과적인지에 대해 많은 보컬 트레이너와 음성학자, 성악가의 견해가 다르다.

흔히 두성, 비성, 흉성이란 말을 많이 쓰는데, 두성은 '머리'를 울리고 비성은 '코'를 울리며 흉성은 '가슴'을 울린다. 이 말이 정말 사실일까? 성대의 진동으로 머리와 코, 가슴을 울릴 수 없다. 잘못된 지식인데 왜 이런 말을 사용할까? 머리가 울리는 느낌, 가슴이 울리는 느낌으로 풀어내면 쉬울 것 같다.

그렇다면 공명을 어떻게 할까? 공명의 가장 중요한 요소는 구강과 연구개 인두(목구멍)이다. 이들의 모양은 입술, 입 모양, 턱, 혀의 위치에 따라 조절되며 공명을 위해 이 기관들을 자유롭게 통제할 수 있어야 한다. 성대의 진동이 소리의 시작이다. 이 소리는 인두를 제일 먼저 통과하게 되면서 음의 색이 생기고 소리가 커진다. 좀 더 자세히 알아보자.

1) 흉성

  우리가 흔히 말하는 흉성은 어디일까? 흉성의 근원지는 가슴이 아니다. 하인두 부근에서 울리는 진동이 가슴쪽으로 전달되어, 마치 가슴에서 울리는 것처럼 느끼는 것이다. 소리의 중심을 많이 내려 목구멍을 많이 열어주고 성대의 위치를 최대한 내려 가슴을 울리려고 흉성을 시도 한다. 흉성은 저음에서 풍부한 소리를 얻기 위해 많이 사용하는데, 실제로 하인두의 울림이다. 가슴은 울림을 형성할 수 있는 구조가 아니기 때문이다.

  흉성, 다시 말해 흉강은 많은 기관으로 꽉 매워져 있다. 폐는 부드러운 폐포로 꽉 매워져 있다. 이런 구조는 소리를 증폭시키기보다 오히려 소리를 흡수할 것이다. 소리의 성질이 그렇다. 저음은 아래의 느낌이다. 저음을 내려면 당연히 내 몸의 모든 중심을 아래로 내려줘야 할 것이다. 이는 정확히 가슴이 아니라 하인두 즉 목구멍 아랫부분이다.

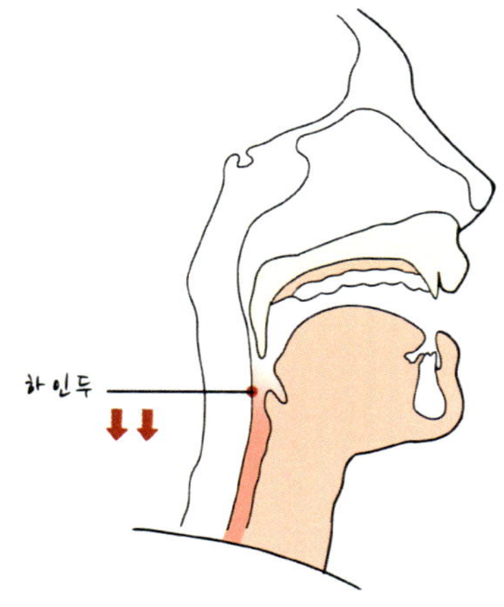

흉성을 연습할 때는 소리를 가슴에 둔다는 느낌으로 연습해야 한다. 구강은 넓고 목구멍 또한 넓어져야 한다. 후두의 위치 또한 내려가게 되는데 하인두를 울리려면 후두의 위치가 내려가야 한다. 후두가 내려간다는 것은 곧 성대가 내려감을 의미한다.

보컬 용어 중 '성대 내리기'라는 말을 들어봤을 것이다. 필자는 성대 내리기에 큰 의미를 두지 않기 때문에 내용을 집필하지 않았다. 성대를 내릴 때 소리가 정확히 잡히고 큰소리를 얻을 수 있으며, 고음에서도 소리가 얇아지지 않고 크게 낼 수 있다. 물론 꼭 성대를 내려 노래할 필요는 없다. 소리는 크고 좋아질 수는 있으나 한계음에 도달할 시 오히려 고음을 해칠 수도 있으며, 목소리 톤이 오히려 지루함을 줄 수 있기 때문이다.

2) 비성

비강은 매우 복잡하다. 비강으로 소리를 증폭시킨다? 비강공명이라 하여 마치 코와 인중 쪽에서 울린다고 착각하는 사람들이 많다. 사실 비강에 대해서는 사람마다 의견 차이가 크다.

필자 또한 비강으로 울림을 증폭시키는 것은 아니라고 생각한다. 단순히 소리의 중심이 코와 인중에 걸쳐 소리가 쉽게 부드럽게 나오는 것이지 소리가 비강을 이용해 증폭되는 것은 아니다.

비강은 복잡한 구조 때문에 소리를 공명시키기에는 불리한 조건이다. 노래할 때 호흡은 실질적으로 성대를 지나 코보다는 입으로 훨씬 많이 나온다. 손바닥을 입과 코앞에 대고 소리를 내보자. 쉽게 인지할 수 있을 것이다. 이로 인해 비강공명은 사실상 의미가 없다.

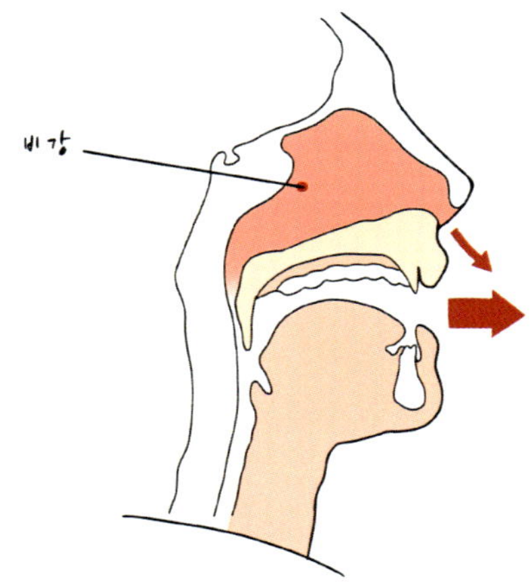

코맹맹이 소리가 마치 울림을 형성하여 비강공명을 이용하는 것이 아니냐는 질문을 할 수 있다. 하지만 공명은 소리를 풍부하게 하여 더 아름답게 소리 내는 데 목표가 있다. 공명을 사용한들 소리가 좋지 못한다면 그것은 공명이라 말할 수 없다.

코맹맹이 소리로 노래를 하면 듣기 싫은 소리가 난다. 다시 말해 공명은 노래를 더 잘 부르기 위한 테크닉이다. 비강공명 연습은 중저음, 중음에서 인중, 코에 소리를 집중시키면서 연습하자. 소리를 증폭시킨다는 느낌보다 인중에 소리가 형성되어 있고 최대한 자연스럽게 소리를 내야 한다. 울림은 구강에서 형성되기 때문에 음역 별로 구강의 느낌을 인지하는 것이 중요하다.

3) 두성

　머리가 울린다는 느낌을 받는다는 것은 충분히 공감한다. 사실은 연구개를 최대한 둥글게 들어서 상인두 쪽으로 소리를 보내주다 보면 혀의 위치가 아래로 밀착된다. 이렇게 되면 구강이 최대한 확보가 되면서 마치 연구개의 위쪽이 울린다는 느낌을 받는다.

　두성은 고음에서 사용하는데 머리가 실질적으로 울리는 것이 아니라 상인두, 연구개가 울린다는 것이 더 적절하다고 보면 되겠다. 공명은 적은 힘을 이용하여 최대한 소리를 얻어내는 것이 목표다. 공명을 사용할 시 마이크로 노래하면 2~3배 소리를 극대화 시킬 수 있다.

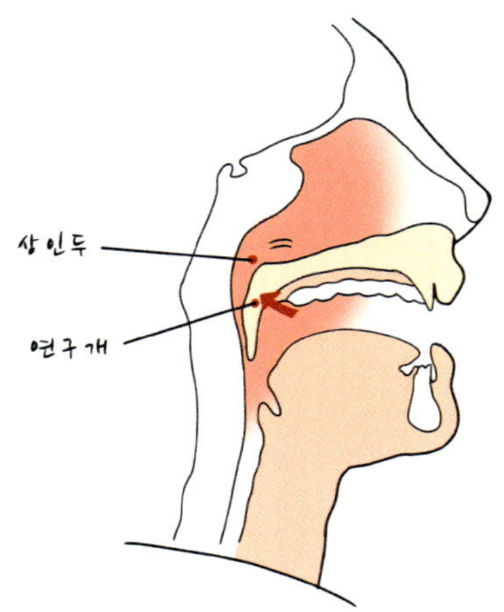

먼저 작은 소리를 통해 연습해본다. 가성도 좋다. 그러려면 구강과 연구개를 통해 저음부터 고음까지의 울림을 찾아 나서야 할 것이다. 물론 앞서 언급했듯이 저음과 고음의 소리의 중심, 방향, 호흡법, 횡격막의 압력은 잊지 말고 연습해야 할 것이다.

머리가 울리는데 코와 가슴이 울리는 것 같다는 말은 중요하지 않다. 자신이 소리를 내면서 울림이 일어나는 곳에 정확한 입 모양, 턱, 구강, 연구개, 목구멍의 느낌이 중요하다. 울림을 위해 입 모양은 항상 커야 하며, 턱은 최대한 자연스럽고 힘이 빠져있어야 하고 구강은 최대한 살려주고 목구멍의 크기와 위치도 적절히 조절해가야 한다.

처음부터 끝까지 공명으로 노래할 수는 없다. 중요한 부분에서의 공명강을 통해 풍부한 소리와 강한 소리를 낼 수 있다는 것이다.

다시 말해
공명의 가장 중요한 부분은
구강과 인두강이다.

5. 보컬 용어와 악상기호

1) 보컬 용어

① 파사지오(Passagio)

이탈리아어로 통과라는 뜻이 있다. 중음역에서 고음역으로 넘어가는 통과 음역을 가리키는 말이다.

② 벌스(Verse)

노래의 도입부를 뜻하는 말이다. A 파트가 이에 해당한다.

③ 브릿지(Bridge)

도입부와 후렴구의 중간 부분이다. 곡의 흐름이 바뀌게 되는 구간이다. 1절 도입부와 후렴구 사이의 브릿지는 'transitional bridge'라 하고 2절 후렴구가 지나고, 다시 한 번 흐름이 바뀌는 브릿지는 'primary bridge'라 한다.

④ **코러스**(chorus)

흔히 '싸비'라고 말하는데 이는 잘못 파생된 언어다. 곡의 후렴구를 가리키는 말이다.

⑤ **인트로**(intro)

곡의 도입부 전에 진행되는 전주를 뜻한다.

⑥ **인터루드**(interlude)

1절이 끝나고 2절로 진행되는 간주를 뜻한다.

⑦ **아웃트로**(outro)

2절이 끝나고 끝맺음이 되는 후주를 뜻한다.

⑧ **쿠세**

일본어로 버릇, 습관이라는 말이다. 노래할 때 가지고 있는 '나쁜 습관'이라고 알아 두는 것이 좋겠다.

⑨ **공명**

소리는 성대의 진동으로 나오고 톤이 생기지만 우리 몸의 울림을 이용해서 성대의 소리가 극대화 된다. 안면부, 두개골의 빈 공간의 모양과 크기에 영향을 받으며 사용할 수 있다.

⑩ 비브라토

음의 높이에 따른 일정한 진동의 변화로 세련된 느낌을 줄 수 있는 보컬 기교이다.

⑪ 프레이즈

자연스럽게 이어지는 하나의 멜로디 흐름을 뜻한다. 예를 들어

학교 종이 땡땡땡, 어서 모이자. /

선생님이 우리를 기다리신다.

이처럼 끊어지는 멜로디 구간을 '프레이즈'라고 한다. 작은악절이라 할 수 있는데, 보통 2마디 혹은 4마디로 되어있다.

2) 음악 악상 기호

음악을 하는 사람으로서 악보에 있는 기호 그리고 악보가 진행되는 형태에 대해서 알고 있는 것이 좋다.

① 연주 지시어

* 셈여림(Dynamics)

용어	약자	뜻
pianissimo(피아니시모)	pp	매우 여리게
piano(피아노)	p	여리게
mezzo piano(메조 피아노)	mp	조금 여리게
mezzo forte(메조 포르테)	mf	조금 세게
forte(포르테)	f	세게
fortissimo(포르티시모)	ff	매우 세게
crescendo(크레셴도)	Cresc.	점점 크게
decrescendo(데크레셴도)	De cresc.	점점 작게

용어	뜻
tenuto(테누토)	음을 충분히 길게 연주한다.
staccato(스타카토)	음의 길이를 원래의 길이보다 1/2 짧게 끊어 연주한다.
staccatissimo(스타카티시모)	음의 길이를 원래의 길이보다 1/4 짧게 끊어 연주한다.
fermata(페르마타)	실제의 음의 길이보다 늘여서 연주한다. 겹세로줄 위에 적힌 경우 곡의 마침을 뜻한다.

* 빠르기의 변경

용어	약자	뜻
ritardando(리타르단도)	rit	점점 느리게
accelerando(아첼레란도)	accel	점점 빠르게
a tempo(아 템포)	a tempo	원래의 박자로

마치며

이 책을 읽어준 여러분 모두에게 감사드립니다.
‘보컬 트레이닝’이라는 주제를 가지고
집필하기까지 상당한 시간과 노력이 걸렸습니다.
부디, 이 책이 흥미롭고 재미있고 유익한
모험이었기를 바랍니다.

예술은 정답이 없다.
하지만, 이 책이
좋은 참고서와 교과서가
되길 바란다.